Hans Steinfort · Božidar Voljč
Das Fischen mit der Trockenfliege

Fliegenfischen ist eine Tätigkeit,
die es einem Mann gestattet,
in Würde und Frieden mit sich allein zu sein.

       John Steinbeck

Vorwort

Dieses Buch, das dem Fischen mit der Trockenfliege gewidmet ist, tritt deutlich aus den Spuren herkömmlicher Fliegenfischerliteratur heraus. Deshalb wird der Leser hier auch manches ganz anders beschrieben finden, als er es von Fachbüchern alter Prägung her gewohnt ist. Am Ausgangspunkt steht der Fisch, inmitten seiner natürlichen Umgebung, getrieben oder gewarnt von seinen natürlichen Instinkten, jedoch auch mit einer gewissen Individualität versehen, die der Angler beim Anbieten der künstlichen Fliege einkalkulieren muß.

Jahrzehntelang starrten die mitteleuropäischen Fliegenfischer gebannt nach England hinüber, dem Mekka ihrer Neigungen schlechthin. Später war für viele Amerika das Gelobte Land. Sicher, wir haben vieles von den Angelsachsen der Alten und Neuen Welt lernen können; niemand wird das bestreiten wollen. Inzwischen ist man aber hierzulande selbständiger und selbstbewußter geworden. Einen nicht geringen Anteil trug dazu die österreichische Schule unter Hans Gebetsroither bei. Von ihm und seiner Umgebung drangen neue Impulse in alle Richtungen des deutschen Sprachraumes und bis weit über seine Grenzen, so daß man heute schon getrost von einer Mitteleuropäischen Schule der Trockenfischerei reden kann. Selbst wenn da noch in vielen Dingen, wir denken hier in erster Linie an Gerät und Fliegenmuster, Elemente angelsächsischen Ursprungs unübersehbar sind. Jedoch liegen die Verhältnisse an den Gewässern der alpinen oder subalpinen Regionen anders als in den Gebieten der Rocky Mountains, und die Flüsse unserer Mittelgebirge oder der nördlichen Ebene stellen andere Anforderungen als ein gepflegter englischer Chalk Stream. Darum sind die Autoren stets bemüht gewesen, den Inhalt dieses Buches allein auf die Gegebenheiten abzustimmen, die der Flugangler mit der Trockenfliege diesseits und jenseits seines Heimatlandes vorfinden wird. Wir hoffen, daß uns dies gelungen ist.

Januar 1985   Die Verfasser

Inhalt

Weshalb wir Fische fangen 11
    Der Fisch 11
    Der Biotop 17
    Die Fliege 19
    Der Fliegenfischer 21
Das wichtigste Gerät 25
Das Werfen mit der Trockenfliege 29
    Die Rutenhaltung 29
    Der Aktionswinkel der Fliegenrute 31
    Die Schleife der Wurfleine 31
    Die Wurfebene 32
    Die Geschwindigkeit der Wurfleine 34
    Der Zug an der Leine 34
    Das Timing 35
    Der Service 35
    1. Übung – Der Grund- oder Basiswurf 36
    2. Übung – Der einfache Zug 38
    3. Übung – Der Doppelzug 39
Ratschläge und verschiedene Tricks 42
    Der Rollwurf 42
    Der Seitenwurf 42
    Der Distanzwurf 43
    Der Fallschirmwurf 43
    Der Schlangenwurf 43
Das Wasser – eine ständige Erzählung 44
Einführung in die Entomologie 55
    Prolog 55
    Die Eintagsfliegen 56
    Erläuterungen für den Gebrauch des Insektenschlüssels . . 63
    Die Köcherfliegen (Sedges) 66
    Die Steinfliegen 69
    Die Zweiflügler aquatischer Herkunft 71
    Die Landinsekten 71
    Abschließende Betrachtung 75

Inhalt

Über Fliegen und Fliegenbinder 77
Erläuterungen zur Einordnung künstlicher Fliegen
nach Prof. Korošec 89
   Die Trockenfliegen eines Jahres 99
Die Präsentation der Trockenfliege 101
   Was der Fisch alles sieht 103
   Der Fliegenfischer im Revier 110
   Die Präsentation querab 112
   Die Präsentation stromauf 118
   Pocket Waters 121
   Die Präsentation stromab 122
   Das Aufnehmen der Leine 125
   Der Fallschirmwurf 126
   Der Schlangenwurf 127
Die Steiggewohnheiten unserer Fische 129
   Die Bachforelle 129
   Die Regenbogenforelle 136
   Die Äsche 138
   Der Bachsaibling 151
   Der Döbel 153
   Die Rotfeder 157
Schlußbetrachtung 159

Weshalb wir Fische fangen

Von welchen Faktoren der Erfolg beim Fischen mit der Trockenfliege abhängt, ist wohl das am häufigsten diskutierte Thema in Fluganglerkreisen. Im allgemeinen neigt man hier jedoch dazu, Ursache und Wirkung den Geräten, Fliegen, Möglichkeiten des Anbietens und natürlich den Jahreszeiten, Wetter- und Wasserverhältnissen zuzuschieben. Wie wenige Fischer aber gehen den direkten Weg zum Fisch?

Allzusehr mit dem selbstherrlichen und zerstörerischen Imperativ ‚Mach dir die Erde untertan' belastet, sind wir nur bedingt fähig, uns in die andersartige Psyche des Tieres hineinzudenken. Der nordamerikanische Indianer, ein Naturbursche reinsten Wassers, der mit Schöpfung und Geschöpf in permanenter Eintracht lebte, beugte sich zum erlegten Büffel, Bär, Elch oder Lachs hinab und bat sie um Vergebung, daß er ihrer bedurfte. Das war waidmännische Ethik und Moral in höchster Vollkommenheit. Wir sind solchen Fühlens nicht mehr fähig. Denn dazu gehört eine Portion gesunden Heidentums. Wir armen Zivilisierten, Programmierten und Registrierten sind für Sprache und Zeichen der Natur schwerhörig und blind geworden. Wir humpeln auf den Krücken unseres Logos und stützen uns auf die Erkenntnisse der Wissenschaft. Versuchen wir doch über diese Brücke an unsere Mitgeschöpfe heranzukommen, und lernen wir wieder, sie zu sehen und anzusprechen.

Der Fisch

Welche Faktoren sind also in dem großen Spiel ‚Fischer – Fisch' mit dem Medium ‚Künstliche Fliege' von Bedeutung? Da sind der Angler mit dem Gerät und der Fliege auf der einen Seite und auf der anderen der Fisch und der Biotop Wasser. Der Fisch soll unser erster Fixpunkt in dem fesselnden Themenkreis ‚Das Fischen mit der Trockenfliege' sein, denn schließlich entscheidet er ganz allein über Anglers Freud und Leid.

Weshalb wir Fische fangen

Wenn wir den Fisch als natürliches Wesen in seiner Umgebung betrachten, dann wäre es falsch, ihn für eine lebende Maschine zu halten, die sich stur vorprogrammierten Naturgesetzen unterwirft, der wir also hochnäsig jedwede persönliche Note absprechen dürfen. Der Fisch ist ohne Zweifel imstande, auf Reize aus seiner Umgebung auf diese oder jene Weise vernünftig zu reagieren. Zwar nicht im menschlichen Sinne, aber so, daß er in seinem Lebensraum ausgezeichnet zurechtkommt. Wir wissen, daß z. B. unsere Haustiere – Hunde, Katzen, Pferde – im Laufe ihres Lebens durchaus eigenständige Züge entwickeln. In der freien Wildbahn macht der aufmerksame Waidmann ähnliche Beobachtungen. Und unter der Oberfläche unserer Gewässer sieht es nicht viel anders aus: Wir haben es auch dort in der Regel mit Individuen zu tun.

Also auch der Fisch ist zweifelsohne in der Lage, gute und schlechte Erfahrungen zu sammeln, sie eine Zeitlang zu speichern und hieraus ein ganz individuelles Verhalten zu entwickeln. Und gerade diese Fähigkeiten sind es, die so manchen ‚überdurchschnittlich intelligenten' Fisch vor den Anglern und ihren noch so verführerischen Fliegen schützen und zu einem kapitalen Exemplar heranreifen lassen. Bis dann vielleicht eines Tages auch einmal für ihn der schwache Augenblick kommt ...

Noch bevor das Fischlein dem Ei entschlüpft, kann es einen Fehler seiner Eltern mit dem Leben bezahlen müssen. Und auch später ist es, wie alle freilebenden Tiere, einem unbarmherzigen Selektionsdruck ausgesetzt. Nahrungsaufnahme und Sicherheit sind die Gesetze, die ihm seine Umwelt zunächst aufzwingt. Sicherheit und dann erst die Nahrung sind die späteren Erfahrungswerte, die das Fischlein zum Fisch, oder gar zum Kapitalen, heranreifen lassen.

Die meisten unserer ‚Fliegenfische' sind Augentiere. Das bedeutet, daß das Sehvermögen ihr ausgeprägtester Sinn ist. Sie können ausgezeichnet Farben wahrnehmen und sind imstande, Formen gut zu erkennen. Allerdings muß man wegen der Dichte des Wassers – im Gegensatz zur Atmosphäre – und des damit verbundenen Lichtabfalls, der sich durch Trübung, Tiefe und schwindendes Tageslicht noch verstärken kann, ein paar Abstriche machen. Jedoch wird dieser Mangel, zumindest im Nahbereich, bei guter Beleuchtung und Sichtigkeit durch die große Lichtstärke des Fischauges ausgeglichen.

Eine ganz besondere Eigenart des Fischauges sollte der praktische Fliegenfischer aber niemals außer acht lassen: Es reagiert, an unserem Sehorgan gemessen, bedeutend träger auf rasch wechselnde Distanzen zu einem bestimmten Objekt wie auch auf starke Lichtschwankungen. So kann es vorkommen, daß jähe Veränderungen von strahlendem Sonnenschein und eindunkelnden Wolken unsere Spezies so sehr verunsichern und verstimmen, daß sie all ihre Aktivitäten einstellen und in ihre Unterstände schlüpfen.

Ferner erkennt der Fisch einen Gegenstand nur aus nächster Nähe wirklich deutlich. Mit größerem Abstand verliert sich seine Sehschärfe, selbst bei klarem Wasser. Darum, wir haben es alle schon beobachtet, versucht der Fisch aus nächster Nähe, immer eine bestimmte Distanz wahrend, den vermeintlichen Leckerbissen zu begutachten. Je länger er sich aber für die Begutachtung einer künstlichen Fliege Zeit lassen kann, um so schlechter stehen die Chancen für den Angler. Es sei denn, man hätte es mit jungen oder unerfahrenen Fischen zu tun oder man fischte zum Aufgang der Saison, wo die schlechten Erlebnisse der Vorjahre auch bei den älteren Exemplaren bereits wieder abgeklungen sind. Denn der Fisch kann nicht, wie höher entwickelte Tiere, Eindrücke über einen längeren Zeitraum speichern.

Nach unseren Beobachtungen gibt es z. B. Äschen, die hauptsächlich auf Bodennahrung orientiert sind. Dann solche, die sich in jedem Bereich zwischen Grund und Oberfläche ihr Futter besorgen. Eine andere Gruppe wiederum bevorzugt Oberflächennahrung, während wieder anderen alles recht ist, wenn nur der Magen wohl gefüllt wird. Derart verschiedene Ernährungsgewohnheiten können zwar von Geschlecht und Bodentypus abhängen, auf keinen Fall aber sind sie angeboren. Und es ist dem gestandenen Fliegenfischer auch klar: Die Anwartschaft zur Riesenäsche ist in der Korona der sogenannten Grundäschen zu suchen.

Diese Fische steigen auch dann höchst selten, wenn ihre Artgenossen sehr oberflächenaktiv sind. Die Verfasser erinnern sich an eine Karstäsche, deren Maul und Nase von unzähligen Trockenfliegen ziemlich zerstochen war. Hier handelte es sich um eine ausgesprochene Steigerin und, nach unserer menschlichen Erfahrungswertung, um eine schlechte Schülerin und wahrscheinliche Todeskandidatin. Aber so leicht sollte man sich das Urteil nicht machen. Gewiß war sie unter ganz bestimmten Voraussetzungen zu einer ausgesprochenen Steigerin geworden. Die Gefahr, die von einigen mit Trockenfliegen bewaffneten Fluganglern ausging, konnte ihr die Natur bei einem derart extrem ausgeprägten Hang zur Oberflächennahrung nicht verständlich machen.

In der Regel sind es die jüngeren Fische, die ziemlich unbefangen an die künstliche Fliege, speziell die Trockenfliege, gehen. Es wäre aber falsch, diese größere Beißfreudigkeit ihrer jugendlichen Unerfahrenheit zuzuschreiben, denn diese Fische unterliegen einem geradezu ungeheuren Selektionsdruck. Die Todesrate unter ihnen ist erschreckend hoch. Junge, und damit körperlich unterlegene Fische müssen sich mit den in jeder Weise ungünstigen Plätzen zufriedengeben. Älteren und stärkeren Artgenossen dürfen sie nicht ins Gehege kommen. Schlechter Platz bedeutet aber auch eine schmalere Nahrungspalette und ein Mehr an Bewegung und Unsicherheit. In diese Lage versetzt, meist in einer schärferen Strömung, darf man nichts vorbeischwimmen lassen, was freßbar erscheint. Und ein langes Besinnen erlauben die inneren wie äußeren Umstände auch nicht, denn im Hintergrund lauert schon der Nachbar.

Alte und starke Fische hingegen besitzen die einträglicheren und bequemeren Einstände, an denen reichlich Futter vorbeitreibt und der Strömungsdruck von Steinen, Klippen, Geschwemmsel u. ä. gebrochen wird. Man kennt in Fischerkreisen diese kapitale, aber allen Verführungskünsten abgeneigte Bewohnerschaft. Wer von uns hat sich an diesen Plätzen nicht schon die Zähne ausgebissen?

Der junge Fisch reift schnell heran und braucht, an seiner Körpergröße gemessen, relativ mehr Nahrung als ein gut abgewachsenes Exemplar, das sich aus seiner sicheren Behaglichkeit und den immer wieder aufgefrischten Lebenserfahrungen heraus unseren künstlichen Fliegen gegenüber viel kritischer verhält. Wenn all diese Faktoren berücksichtigt werden, dann weiß man auch, warum sich die kleineren bis mittleren Fische bedeutend weniger ablehnend gebärden und viel häufiger nach der Fliege aufgehen als die großen.

Ein Beispiel für übervorsichtiges Begutachten einer Trockenfliege bietet der allein revierende Döbel. Nicht selten schwimmt er in Spiralen um den Federwisch herum, balanciert dieses zweifelhafte Gebilde eine Zeitlang auf der Nase und wendet sich plötzlich entsetzt ab, kehrt dann, wie von einem geheimen Zwang getrieben, an den Ort des Verderbens zurück und nimmt die Fliege – oder auch nicht. Dem Flugangler, der dieser Tragikomödie beiwohnen muß, stehen die Haare zu Berge. Wie anders aber sieht die Sache aus, wenn man die Kunst beherrscht, die Trockene höchst unverdächtig inmitten einer Döbelschar zu plazieren. Da stürzt sich der Haufen bedenkenlos auf den vermeintlichen Leckerbissen, auch wenn es sich um ein noch so verrückt gebundenes Monstrum von Fliege handelt.

Tafel 1. Ein starker Döbel wird gekeschert

In Zeiten extrem niedriger Wasserstände kann man unter den jetzt zusammengedrängten Fischen eine ärgerliche Nervosität beobachten. Die Rangordnung scheint ihre Gesetzmäßigkeit verloren zu haben, die Werte der Hierarchie scheinen auf den Kopf gestellt. Unter diesen Fischen kann man Einzelexemplare ausmachen, die sich gegenüber ihren Artgenossen durch Aggressivität und Bissigkeit ganz besonders hervortun. Sie sind sogar imstande, bedeutend größere Fische fortzutreiben. Von der Ursache eines solchen Benehmens einmal abgesehen, darf man daraus schließen, daß Charakter, Stimmung und Verhalten der Fische auch unter gleichen Umständen niemals gleich sind. Es gibt unter ihnen immer Außenseiter, also ausgesprochene Individualisten. Deshalb ist eben auch die Wahrscheinlichkeit, an sogenannten aussichtslosen Tagen einen Fisch, der sich anders verhält als die anderen, an die Fliege zu bringen, viel größer, als die meisten Fliegenfischer annehmen.

Ist die Laichzeit abgeklungen, wird es Zeit, die schlaffen Flanken aufzufüllen und die Muskulatur zu straffen. In dieser Phase sind alle Fische von einem wahren Heißhunger ergriffen und der Fliege gegenüber viel weniger kritisch eingestellt als sonst. Jetzt ist die Wahrscheinlichkeit eines Steigens, auch bei schwierigen Exemplaren, viel größer als zu Zeiten, da sie bereits wieder Substanz angesetzt haben und die satte, mißtrauische Behaglichkeit zurückgekehrt ist.

All diese Daten und Beobachtungen darf man aber nicht auf die gesamte Fischpopulation in einem bestimmten Biotop übertragen, sondern sollte sie aus Vernunftgründen lieber auf das einzelne Individuum beschränken. Bis heute wissen wir recht wenig über die Populationsdynamik der Fische in einem bestimmten Gewässer sowie über das Verhalten verschiedener Arten, unter Einbeziehung des Nahrungsvorkommens, der eventuellen Veränderung der Wasserqualität und der Boden-Ufer-Verhältnisse. Alle diese Einflüsse schlagen sich ja letzten Endes in sogenannten guten und schlechten Fischerjahren nieder. Man muß sich deshalb auf Vermutungen beschränken. Die jährlichen Besatzmaßnahmen, die manchmal alles andere als richtig sind und eher der Krankheitsübertragung und einer Schwächung der Resistenz Vorschub leisten, sind ein Beweis für solche Unkenntnis. Ohne Zweifel würden bessere Kenntnisse der Populationsdynamik nicht nur beim Fliegenfischen nützen, sondern auch bei Aufzucht und Hege gesunder Salmonidenbestände helfen.

Auch wir Flugangler greifen in das Geschehen ein, indem wir mit unserer Trockenfliege eine gewisse Selektion, also eine Auslese der

Steiger, betreiben, die sich im Laufe der Jahre wahrscheinlich eher negativ als positiv auswirkt. Gewiß würde die Einführung eines Zwischenschonmaßes mehr Licht in das Dunkel unserer Unwissenheit bringen.

Der Biotop

Als naturgebundenes Lebewesen braucht der Fisch einen ihm zusagenden Lebensraum. Erst dort kommen seine Anlagen voll zur Geltung. Die Umgebung wirkt voll auf ihn und seine Verhaltensweisen ein. Er dagegen, als Individuum und Vertreter seiner Art, prägt wiederum sein Umfeld und schafft sich so ein spezifisches Klima. Natürlich gilt dies nur für ein gesundes Wasser. Wenn es nämlich krank, vergiftet oder nahezu tot ist, dann ist der natürliche Lebenszyklus, der sich in jedem Punkt wieder von selbst ergänzt und erneuert, fatal verletzt oder vernichtet. Deswegen dürfen wir die weiteren Feststellungen nur bedingt auf kranke oder kränkelnde Reviere übertragen. Dort löst man die Probleme gewöhnlich mit dem Einsetzen fangreifer Fische. Es muß also ausdrücklich betont werden, daß sich die weiteren Betrachtungen ausschließlich auf gesunde Reviere beziehen, wobei aber das Fischen mit der Trockenfliege auch von Fluß zu Fluß mit den unterschiedlichsten Schwierigkeitsgraden in seinem Reiz gesteigert werden kann.

Es ist bekannt, daß in Karstflüssen, wo die Lebensbedingungen am angenehmsten und ausgeglichensten sind und den Fischen ein breitgefächertes Angebot an Fischnährtieren zur Verfügung steht, sich das Angeln mit der Trockenfliege viel schwieriger gestaltet als in üblichen Gewässern mit starkem Gefälle und Geschiebe und einer sich öfter verlagernden Rinne. Denn hier ist der Grund schotterig und unstabil, und die bodennahe Kleintierwelt kann sich nicht mit voller Kraft entwickeln, da mit jedem Hochwasser neue Katastrophen über sie hereinbrechen. Deshalb sind die Salmoniden dieser Regionen für die Trockenfliege weit dankbarere Objekte als ihre Artgenossen in den reichgesegneten Karstgründen, wo es von Larven und Nymphen wimmelt, so daß ein Aufsteigen nach der Trockenfliege reine Zeit- und Kraftvergeudung wäre. An solchen Karstgewässern trennt sich unter Fliegenfischern sehr schnell die Spreu vom Weizen.

An den Voralpenflüssen ist es um die Beißfreudigkeit, im Gegensatz zu Karst und Gebirge, mal so und mal so bestellt. Einmal erscheint das Fischen mit der Trockenfliege als wahres Kinderspiel. Dann ist wieder alles wie verhext, und das Wasser liegt wie ausgestorben. Bleibt also nur noch auf den Abendsprung zu hoffen. An den Flüssen der Niederungen, die ja meist, abgesehen von den Quellgebieten, in die Kategorie der chemisch belasteten Gewässer einzustufen sind, liegen die Verhältnisse von Ort zu Ort verschieden. Viele dieser Strecken sind im Laufe der letzten Jahre wieder sauberer geworden und lassen das Beste für die Zukunft hoffen. Zumal hier weder Kosten noch Mühen gescheut wurden, gesunde und widerstandsfähige Salmonidenstämme einzubürgern.

Wie sieht es hingegen an den stehenden Gewässern aus? Hier ist wieder alles ganz anders. Das stehende Gewässer ist mehr eine Domäne der nassen Fliege. Wie aber auch die Dinge liegen werden, der erfahrene Fliegenfischer wird schon an dem Typus des Wassers, das er zu befischen gedenkt, vorhersehen, was ihn erwartet, und sich dementsprechend einrichten.

Es gibt also Flüsse, die generell unter den Begriff leicht- bzw. schwerbefischbar fallen. Aber auch an diesen Strecken findet man wieder einzelne Stellen, an denen sich das Fischen leichter oder schwerer gestaltet. In ruhigen Zügen haben die Fische mehr Muße, die Fliege zu besichtigen. Ihre Reaktionen sind demzufolge langsamer, und nicht selten drehen sie vor der Trockenen verächtlich ab und kehren hinab in die Tiefe. An den heiklen Karstflüssen lohnt es sich deshalb, die schnelleren Abschnitte aufzusuchen und beim Servieren die Gewohnheiten der Fische, denen wir gerade nachstellen, in Betracht zu ziehen.

Das Wetter, an sich eine stets willkommene Ausrede bei subjektiven Unzulänglichkeiten und dadurch bedingten Schwachfängen, ist sicherlich ein bedeutsamer Umstand, denn es gibt tatsächlich ein ‚Fischwetter'. So können z. B. ruhige, wolkige Stimmung, ein warmer, leichter Regen oder ein erholsamer Umschwung nach langer Dürre, Hitze oder Kälte durchaus ein Aufleben der Steig- und Beißlust herbeizaubern. Frühling und Herbst sind bekanntermaßen die besseren Jahreszeiten. Die Sommerflaute kennt und fürchtet jeder Salmonidenfischer. Sofern er aber den Döbel greifbar weiß, dessen Fang mit Hilfe der Trockenfliege während der Hundstage die besten Chancen bietet, läßt sich der während dieser Zeit zu befürchtende fliegenfischereiliche Leerlauf genußreich ausschalten.

Die Fliege

Gut aufeinander abgestimmtes Gerät bleibt die beste Hilfe für sinnvolles Fischen mit der Trockenfliege. Eine präzise werfende Rute, eine verläßliche Rolle, mit korrekt schwimmender Leine bestückt, und ein sich sauber streckendes Vorfach sind zwar keine Garanten für zufriedenstellende Tagesstrecken, bieten jedoch, in die Hände des Könners gelegt, zumindest den Schlüssel zum Erfolg. Nur durch ideale Gerätekombinationen lassen sich jene ärgerlichen Schwachpunkte vermeiden, die dem Trockenfischer nicht nur die fast pausenlos geforderte Konzentration beeinträchtigen, sondern ihm dazu auch noch Stimmung und Genuß verderben.

Aus der weiträumigen Vielfalt der Gerätelandschaft tritt als sublimes Gebilde die Trockenfliege hervor. Sie stellt das sensible Bindeglied zwischen Fisch und Fischer dar. Mit ihr tastet er alle Horizonte ab. Sie bleibt die große Verführerin von Angler und Kreatur, die Ursache schlafloser Nächte, einer der in Wort und Schrift am heißesten diskutierten Gegenstände und zudem ein Objekt in tausendfachen Abwandlungen. Unzählige Bücher und Artikel sind über sie geschrieben worden, ungezählte Menschen haben mit ihr das tägliche Brot verdient. Sie ist das Nonplusultra schlechthin und der Grundgedanke aller Fliegenfischerphilosophien. In den folgenden Ausführungen wird allerdings mehr die prosaische Seite dieses Phänomens beleuchtet werden.

Poesie hin, Prosa her: Oberster Richter in allen Auseinandersetzungen bleibt glücklicherweise immer noch der Fisch allein. Er entscheidet auch in letzter Instanz, ob eine neu kreierte Fliege Gnade findet oder kalte Ablehnung erfährt. Unter diesen Urteilsspruch hat sich der Fliegenfischer widerspruchslos zu beugen.

Eine neue Fliege, falls es sie denn überhaupt noch gibt, sollte zunächst einmal zwei Jahre lang an den verschiedensten Gewässern getestet werden, ehe man mit ihr an die Öffentlichkeit geht. Offensichtlich dient man mit mühseligen, naturgetreuen Nachahmungen wohl mehr der eigenen Eitelkeit als den Ansprüchen der Fische, die die tadellos gebundene und phantastisch geglückte Imitation hernach mit Verachtung strafen. Diese zweifelhaften Gebilde finden sich häufig in der Fachliteratur wieder, wo sie besonders die Aufmerksamkeit der weniger erfahrenen Fliegenfischer erregen. Meistens handelt es sich hierbei um geschickt abgelichtete Prototypen, die nach kurzem Spektakel sang- und klanglos in der Versenkung verschwinden.

Dabei kann alles so einfach sein! Ob der Fisch, den wir zu fangen beabsichtigen, nach unserer Trockenfliege aufgehen und sie nehmen wird, hängt zunächst stets von deren Größe, Farbe und Silhouette ab. In diesen drei Dimensionen muß allemal gedacht werden. Und damit diesem Postulat Rechnung getragen werden kann, bietet ein gutes entomologisches Allgemeinwissen die beste Hilfe.

Zur Größe der Fliege kann man feststellen, daß im Frühjahr die größeren Muster fängiger sind. Je älter aber das Jahr wird, um so kleiner sollte sie gewählt werden. Versuche von namhaften Experten haben bewiesen, daß ein brauner Farbton im Durchschnitt die besten Chancen bietet. An kühlen und trüben Tagen geht dieser Vorzug jedoch entschieden auf die grauen Muster über. Allerdings gibt es Zeiten, in denen diese Werte total auf den Kopf gestellt scheinen. Das sollte man jedoch mit Gelassenheit ertragen und froh sein, längst noch nicht alle Geheimnisse unserer Passion gelüftet zu haben. Denn wo bliebe da sonst der Reiz des Unbekannten?

Auch was die Idealform der Trockenfliege betrifft, ist vieles noch fraglich. In den Annalen des Fliegenbindens tauchen seit frühester Zeit immer wieder Produkte genauer und naturgetreuer Insektennachbildungen auf. Und heutzutage ist dieser Trend, besonders durch die Angebote der Kunststoffindustrie gefördert, deutlicher denn je. Man denke nur an die sehr lebensnahen Nymphen-Imitationen der zeitgenössischen amerikanischen Fliegenbinde-Experten. Wie aber sieht nun der praktische Wert solcher Schöpfungen aus? Der englische Fachmann Eric Horsfall Turner berichtet von einem Fliegenbinder, der ein Insekt so tadellos naturgetreu nachzuahmen verstand, daß man in dessen transparenten Körper sogar die Konturen des Darmes habe vermuten können. Doch gab der Binder selbst zu, diese Fliege sei am Wasser völlig wertlos, weshalb er nach dieser Feststellung auch wieder von der naturgetreuen Nachbildung abgegangen ist.

Demgegenüber wissen alle gestandenen Fliegenfischer: Gerade das zerzauste, zerrupfte, von unzähligen Forellenzähnen lädierte Muster kann auf die Fische einen unwahrscheinlichen Reiz ausüben. Das gleiche passiert mit ausgesprochenen Phantasiefliegen, die überhaupt keine bestimmte Insektenart imitieren. Wie ist eine derartige Verhaltensweise zu erklären?

Jede künstliche Fliege stellt schlechthin eine Karikatur dar. Betrachtet man z. B. das Werk eines Cartoonisten, dann ist man oft geneigt auszurufen: „Das ist er!", obwohl auf dem Blatt nur ein paar

Striche und Linien zu sehen sind. Ähnliches geschieht mit der künstlichen Wiedergabe unserer Insektenwelt. Und wenn man für die Charakterisierung dieser Imitate eine bestimmte Kunstrichtung als Vergleich heranziehen will, dann wäre der Impressionismus wohl die nächstliegende. Für impressionistische Werke gilt die Empfehlung, sie aus einer gewissen Distanz zu genießen. Diesen Effekt, aus der Distanz heraus einen Fisch anzusprechen, also zum Steigen zu verleiten, strebt auch der Fliegenfischer mit seinem phantasievollen Produkt aus Federn und Fäden an. Die Eroberung des Lichtes, Auflösung der Konturen und die Abkehr vom Naturalismus sind Grundelemente der impressionistischen Gestaltungsmethode, und nicht selten versucht der fliegenbindende Fischersmann nach ähnlichen Gesichtspunkten auch bei seinen Kreationen zu verfahren. Flugangler, die im Rucksack oder Kofferraum ihres Autos ständig eine kleine Notausrüstung an Werkzeug und Materialien zum Fliegenbinden herumtransportieren, wissen, daß sie häufig gute Erfolge mit Fliegen hatten, die, mit einer gewissen Lässigkeit, schnell am Wasser gebunden wurden. In spielerischer (impressionistischer) Manier ein paar Windungen hin, ein paar Windungen her, und die Fliege war fertig. Und sie fing! Was aber beim Anblick eines solchen Produktes im Fischhirn geschieht, versucht der bereits zitierte Eric Horsfall Turner mit dem Begriff ‚Impact‘, also (Ein-)Wirkung, zu erklären. Darunter versteht er den spontanen Eindruck, den der Fisch beim Anblick einer Fliege erhält. Dieses Moment entscheidet, ob er nach der Fliege steigen und sie nehmen wird. Und offensichtlich hat nur eine ganz bestimmten Umrissen gerecht werdende Fliege den erhofften Impact. Deshalb ist das naturgetreu nachempfundene Imitat keine absolute Gewähr für Erfolg und Wirksamkeit, sondern muß in der Regel hinter den sogenannten Karikaturen und impressionistischen Gebilden zurückstehen.

Der Fliegenfischer

Aus welcher Sicht wir auch das Angeln mit der künstlichen Fliege betrachten, es gleicht immer dem Verhältnis, das der Jäger zur Jagd und zu seinem Wild pflegt: hegen, beobachten, anschleichen, überlisten und erlegen, oder, was der Waidmann nach tödlichem Schuß nicht mehr vermag, leben lassen. Von allen Jagdarten, die der Mensch ausübt, ist das Fliegenfischen die natürlichste und am wenigsten bela-

Tafel 2. Oben: Hans Steinfort. – Unten: Eines der Heimatgewässer von Hans Steinfort: die Lenne zwischen Werdohl und Altena

Tafel 3. Oben: Dr. Božidar Voljč. – Unten: Der Unec bei der Schloßruine von Windischgrätz, eines der Hausgewässer von Dr. Božidar Voljč

stende Methode, die im Laufe der letzten 150 Jahre zu einer intelligenten und anspruchsvollen Kunst herangereift ist. Mit der Fluggerte ist man imstande, die seit grauer Vorzeit in uns schlummernden Jagdinstinkte auf unblutigste Weise zu stillen. Außerdem ist das Fliegenfischen eindeutig zu einer Frage des geistigen Standpunktes, ja bei manchem schon zu einer Art Lebensstil geworden.

Das Angeln mit der künstlichen Fliege hat in den letzten Jahren auch in unseren Zonen immer stärkeren Zuspruch erfahren. Diese Popularität ist zu begrüßen. Denn ein tiefes Interesse an der schönsten und fairsten Art zu fischen kommt nicht nur dem verstärkten Streben nach einer verbesserten Wasserqualität und somit einem gehobenen Fischbestand zugute, sondern es dient auch der Selbstverwirklichung und der Verfeinerung, Kultivierung und Vergeistigung der Ansprüche. Leider vernachlässigt eine Reihe von Fliegenfischern noch immer ihre praktische wie theoretische Weiterbildung. Diese Unterlassungssünden rächen sich, besonders beim Fischen mit der Trockenfliege, durch ständige Mittelmäßigkeit und den damit verbundenen Unmut über die eigenen Schwächen.

Kontinuierliches Wurftraining, das man auch bei der praktischen Ausübung am Wasser pflegen kann, und somit steigende Kondition, gepaart mit fundiertem theoretischen Wissen, sind die ausgezeichnete Basis für zufriedenstellende Resultate, und das sogar unter schwierigsten Verhältnissen. Deshalb sollte man keiner Widrigkeit wie Wind, Wetter, ungünstigem Wasserstand und Beißunlust aus dem Wege gehen und sich allen Unbilden stellen. So können auch weniger aussichtsreiche Tage eine wertvolle Hilfe sein, an sich selbst zu arbeiten und sich zu vervollkommnen. Mit dieser Haltung gewinnt man die bei Experten und Könnern so vielbewunderte Fähigkeit, sich an jedem beliebigen Gewässer unter allen Umständen zurechtzufinden. Denn angeboren ist solch eine Begabung nur ganz wenigen begnadeten Talenten. Die meisten haben sich diese Eigenschaften hart erarbeiten müssen.

Koryphäen sind also dünn gesät. Die meisten ‚Experten' lassen sich in die Kategorie der lokalen Größen einstufen. Sie kennen ihren Fluß besser als ihre Westentasche und sind nicht nur in der Lage, an seinen Gestaden geradezu meisterhafte Leistungen zu vollbringen, sondern sie können auch so manches fliegenfischereiliche Ereignis prophezeien. Überwiegend in den angelsächsischen Ländern werden solche Leute zu Gillies und verdienen sich mit diesen Fähigkeiten ihren Lebensunterhalt. An anderen Gewässern mit anderer Charakteristik – Einladungen von honorigen Gästen und Freunden haben das bewiesen – sind sie außerstande, sich über den Durchschnitt zu erheben.

Nun ist es aber keineswegs Sinn und Zweck dieses Buches, den interessierten Trockenfliegenfischer umgehend zu überdurchschnittlichen Leistungen anzuspornen. Ein derartiges Verlangen stellt sich bei ihm wahrscheinlich bei fortgesetzter Praxis später von selber ein. Wenn er zunächst nach einer Serie ungezählter Würfe seinen Fisch doch noch zu fangen vermag und wenn ihm dieses Erlebnis Freude und Genugtuung bereitet, dann ist er auf jeden Fall glücklicher zu schätzen als derjenige, der sich einem permanenten Erfolgszwang unterwirft und dem eine reiche Tagesstrecke schon zur schalen Gewohnheit geworden ist.

Abschließend zu diesem Thema sollte der sechste Sinn nicht unerwähnt bleiben, der sich im Laufe der Zeit bei vielen Fliegenfischern entwickelt hat. Manchmal fühlt man nämlich schon im voraus, ob und wann ein Fisch nach der Trockenfliege steigen wird und sie nimmt. Woran das liegt, ist schlecht zu erklären. Vielleicht flößt uns eine bewährte Fliege ein ganz besonders starkes Vertrauen ein, das solche schon fast transzendente Fähigkeiten in uns weckt. Jedenfalls kommt dann irgendwann, nach einer Reihe ergebnisloser Präsentationen und Passagen, jener berühmte Augenblick, wo beim Beobachten der abdriftenden Fliege eine innere Stimme in uns ruft: „Jetzt, jetzt kommt es!" Und tatsächlich entsteht im gleichen Augenblick ein satter Schwall, und die Trockene verschwindet zwischen zwei gierig geöffneten Lippenwülsten.

Das wichtigste Gerät

Zum wichtigsten Gerät für den Trockenfischer gehören, wie könnte es anders sein, Rute und Leine, denen als drittes die Fliegenrolle folgt. Letztere sollte robust und nicht zu schwer ausfallen, zwei Forderungen, die nur wenige Weltmarken erfüllen. In der Regel tut's eine ‚Single action', eine einfache Rolle, ohne jede Übersetzung. Denn die schwimmende Flugleine, die bei der Watfischerei nach dem Einholen auf dem Wasser abgelegt wird, bringt nicht die Probleme mit sich wie eine sinkende bei der Ausübung der Naßfischerei. Bei jener wären Übersetzungsrollen empfehlenswerter.

Die ideale Trockenfliegenrute, die den Ansprüchen eines jeden Fliegenfischers gerecht wird, gibt es nicht. Der eine schwört auf kurze, steife Hochrasanzruten, der andere auf lange, sanfte Gerten mit verhaltener Aktion. Die meisten aber entscheiden sich wohl für die goldene Mitte, so um die 2,40 m. Hier sprechen Wurfvermögen und persönlicher Stil ein wichtiges Wort mit. Die Verfasser dieses Buches, das sei nicht verschwiegen, tendieren bei der Trockenfischerei, schon wegen ihres Wurfstils, mehr zu den kürzeren Typen.

Man hat die ziemlich leichte Wahl zwischen Gespließten, Glasfiber- und Kohlefaserruten. Die Glasfiberrute ist nur noch dort diskutabel, wo der Anschaffungspreis eine wichtige Rolle spielt, denn gemessen an den anderen Werkstoffen, wartet Glasfiber nur bei den superkurzen Typen noch mit akzeptablen Leistungen auf. Beim Kauf einer Gespließten entscheidet wohl eher die Neigung als die ökonomische Abwägung. Viel besser als eine hochkarätige Gespließte oder gar eine preiswerte Glasfiberrute sind die heutigen Kohlefaserruten. Was sie zu werfen imstande sind, und zwar in der Miniausführung von 1,65 m bis hinauf in die 3-Meter-Kategorie, das schafft keine andere. Die moderne und ideale Trockenfliegenrute ist nun mal die aus Kohlefaser gefertigte. Daran gibt es nichts zu rütteln. Sie ist, an anderen Ruten gemessen, superleicht. So wiegt z. B. eine extrem lange Trockenfliegenrute aus Kohlefaser bei gut 3 Metern Länge in der Klasse 5/6 nur etwa 110 g. In sämtliche schwarzen Wunderruten lassen sich, computerberechnet und -gesteuert, alle nur erdenklichen Wurfeigenschaften einarbeiten. Die Kohlefaser- oder Graphitrute wird, ob mit mehr oder weniger großen Boranteilen verstärkt, noch lange Zeit das Nonplusultra auf dem Fliegenrutensektor bleiben.

Bei der Wahl der Flugleine unterliegt der Trockenfischer manchmal der Qual, ob er sich für eine DT-Leine oder besser für eine WF entscheiden soll, deren hervorragende Schußeigenschaften oftmals in den höchsten Tönen gepriesen werden. Wir möchten eine DT, also eine doppeltverjüngte Schwimmschnur, empfehlen. Denn wenn sich auch die WF-Leine besser und weiter werfen läßt, besitzt die Doppeltverjüngte gegenüber der WF-Keulenschnur doch wesentliche Vorteile, die vor allem beim Trockenfischen zum Tragen kommen. Sie läßt sich viel leichter und unauffälliger vom Wasser aufnehmen als die andere, bei der auch die aufgedickte Keule im vorderen Schnurbereich den Anhieb, vor allem auf Distanz, ganz enorm hemmt. Ferner gibt es weniger Schwierigkeiten beim Verlängern oder Verkürzen in der Luft. Die Keule eignet sich besser für die Naßfischerei, bei der die

Fliege bis in Rutennähe ausgefischt wird. Für das Fischen mit der Trockenfliege ist sie weniger gut geeignet.

Welche Farbe die schwimmende Leine beim Trockenfischen haben soll, richtet sich allein nach ihrer Sichtbarkeit, denn an recht schnell strömenden Gewässerstrecken ist es allein ihre blaue, gelbe, rote oder weiße Färbung, die anzeigt, wo sich die Fliege etwa befindet. Hin und wieder wird behauptet, der Fisch vertrüge braun- oder grüngefärbte Leinen besser. Wir können den Leser beruhigen: Der Fisch scheut nicht vor einer mehr oder weniger grell gefärbten Leine zurück, jedoch immer vor dem Schatten, den sie wirft. Darüber wird später noch zu lesen sein.

Schwimmende Flugleinen sind ein sehr empfindliches Produkt. Der Fliegenfischer sollte vermeiden, auf dem Schotterufer unbeabsichtigt darauf herumzutrampeln, was leicht passieren kann. Von Zeit zu Zeit, je nach Chemikalienbelastung, wird sie mit einem herkömmlichen Pflegemittel mit Weichmacher eingerieben, das manche Firma gleich mitliefert. Nur so bleibt die sehr wichtige Geschmeidigkeit und Schwimmeigenschaft auch bei fast täglichem Gebrauch lange Zeit erhalten. Was Flugleinen aber viel größeren Schaden zufügen kann, das sind die seit einigen Jahren in Mode gekommenen superleichten und superkleinen Fliegenrollen. Leinen, die über ein oder zwei Jahre auf einen kaum zentimeterdicken Rollenkern geknebelt bleiben, sind nach den Wenden kaum noch verwendbar. Sie haben ihre Form und Elastizität größtenteils eingebüßt, als wären sie mit einer heißen Ondulierschere behandelt worden. Eine schnurschonende Fliegenrolle besitzt genug Fassungsvermögen, um noch ausreichend Backingschnur aufzunehmen und außer einer beruhigenden Reserve auch noch eine nicht zu enge Lagerung der Flugleine zu garantieren. Zu einer fachgerechten Wartung der Leine gehört also auch ein vernünftiger Rollendurchmesser. Das Gewicht ist zweitrangig.

Das Vorfach, zumindest seine Spitze, ist genauso wichtig wie die Fliege selbst, da beide ein unmittelbares Ganzes bilden. Diese Tatsache muß dem Fischauge so gut wie möglich unterschlagen werden, und es ist allein die Kunst der Präsentation, die das unterstützt. Da das Vorfach, wir werden es noch sehen, selbst in den kleinsten Stärken kaum unsichtbar zu machen ist, sollte es möglichst gestreckt oder in leichten Schlangenlinien ins Blickfeld des Fisches treiben. Für den Trockenfischer ist es wichtig, ein Vorfach zu besitzen, das sich genauso gut handhaben läßt wie eine gut gehorchende Flugleine. Viele haben da, was Nylonmarke und Kombination betrifft, ihre Geheimrezepte. Die beiden Verfasser dieses Buches verwenden seit Jahren zum Trockenfischen nur einen einzigen Vorfachtyp, mit dem sie ganz zufrieden sind und der hiermit bekanntgegeben sei (Abb. 1).

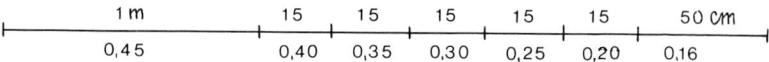

Abb. 1. Ein sich verläßlich streckendes Trockenfliegen-Vorfach ergibt sich aus obigen Angaben. Wer mit einer dünneren Spitze fischen will, kann die 16er Stärke auf ebenfalls 15 cm verkürzen und eine schwächere Spitze von 50 cm daran anknüpfen

Das Werfen mit der Trockenfliege

Wer zur Fliegenrute greift, sollte sich zuvor mit ein paar Grundbegriffen vertraut gemacht haben. Deswegen werden sie hier auch vor den Beginn der ersten Übung gestellt. Dem Leser ist zu raten, sie sorgfältig durchzulesen, bevor er zur praktischen Lektion schreitet. Sollten diese Erläuterungen anfangs auch überflüssig erscheinen, so wird später doch klar, wie notwendig sie gewesen sind. Es wäre nicht falsch, sich hierüber ein paar Notizen zu machen und mit einem kleinen Spickzettel auf das Trainingsfeld zu gehen.

Die Rutenhaltung

Man kennt in der Regel zwei Grundformen von Fliegenrutengriffen. Einmal den spitz oder zigarrenförmig zulaufenden Griff für die sogenannte Zeigefingerhaltung, und denjenigen, der es gestattet, den Daumen aufzulegen (s. Abb. 2). Beide Möglichkeiten sind weltweit anerkannt, und es gibt über Vor- oder Nachteile keinen Streit. Längere und deswegen zwangsläufig weichere Ruten haben meist den klassisch geformten Griff für die Daumenhaltung. Kürzere, und da-

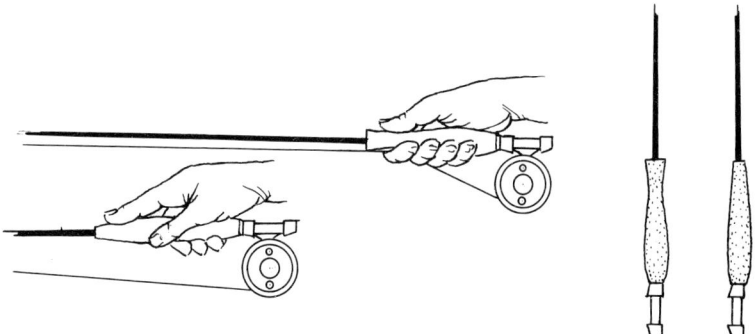

Abb. 2. Oben Daumenhaltung, unten Zeigefingerhaltung

Das Werfen mit der Trockenfliege

mit steifere Ruten verfügen fast immer über den hierfür günstigeren ‚Zeigefingergriff'.

Fliegenfischer, denen längere und weichere Ruten angenehmer sind, weil sie den klassischen ruhigen, besonnenen Stil werfen, werden sich für eine längere Rute ab 2,40 m entscheiden. Sie, die die Tradition der guten alten englischen Schule pflegen, sind noch sehr zahlreich. Sie strengen sich beim Werfen nicht zu sehr an. Ihre Wurfschulter bleibt fast unbeweglich. Die Rute strahlt selbst noch im Schwung Ruhe und Gelassenheit aus. Ihre Achse bildet mit der Achse des Wurfarmes einen Winkel. Die Eigenschaften solcher Ruten sind hochentwickelt, und sie verdecken gütig alle kleineren Fehler eines weniger geübten Werfers. In die Hände des Könners gelegt, erfüllen sie fast jede Anforderung, die an sie gestellt wird. Von ihrer Aktion her zwingen sie aber dem Fischer ihren eigenen Stil auf, und dies ohne jeden Kompromiß.

Ganz anders benehmen sich kurze, steifere Ruten. Ihre geradezu phantastischen Wurfeigenschaften schlummern im Verborgenen, und der Werfer muß sie erst erwecken. Ihr Charakter entspricht eher dem amerikanischen Statement: sie verlangen Leistung, Fleiß und Einsatz. Jeder Fehler führt zum Zusammenbruch des Wurfes. Wegen des nach vorn spitz zulaufenden Griffes und der damit verbundenen Zeigefingerhaltung verläuft ihre Achse parallel zur Achse des Unterarmes. Dadurch verwandelt sich der Unterarm in eine Art Rutenverlängerung und hat somit ein enormes Quantum an Arbeit mitzuleisten. Der Wurfstil entbehrt jeder Konfektion und ist ganz allein auf die Persönlichkeit des Werfenden abgestellt. Die einzelnen Wurfphasen unterliegen nicht mehr dem weichen Hin- und Herschwingen englischer Schule, sondern gehen in harte, kraftvolle, aber dennoch harmonische Rhythmen über. Dieser Wurfstil ist im deutschen Sprachraum geboren worden. Sein Vater war der große Lehrer und Fliegenfischer, der Oberfischmeister Hans Gebetsroither, der ihn an den Ufern der äschenreichen Traun entwickelte. Dieser Wurfstil ist auch unter der Bezeichnung ‚der Österreichische' oder ‚der Alpenländische' bekannt geworden und hat eine große Anzahl Anhänger gefunden.

Der Aktionswinkel der Fliegenrute

Der Werfer schwingt die Rute vor und zurück. Ihre Spitze beschreibt dabei einen weit größeren Weg als ihre Basis in der Hand des Werfers. Im Fachjargon nennt man diese Rutenpositionen Aktionswinkel (Abb. 3). Dieser Aktionswinkel kann mehr oder weniger geöffnet werden. Natürlich ist beim Werfen die Basis nicht fixiert, sondern sie wandert hin und her, was jedoch auf das Ausmaß des Winkels kaum Einfluß hat. Die Hand des Anglers ist es, die die Weite des Winkels bestimmt.

Abb. 3. A: spitzer Aktionswinkel = enge Leinenschleife; B: stumpfer Aktionswinkel = offene Leinenschleife

Die Schleife der Wurfleine

Das Ausmaß (die Größe) des Aktionswinkels hat entscheidenden Einfluß auf die Schnur in der Luft. Je spitzer der Winkel bemessen ist, desto enger fliegt die Leinenschleife durch die Luft, und je stumpfer er eingehalten wird, um so offener entfaltet sie sich jetzt (noch einmal Abb. 3).

Es liegt also am Angler, ob er eine enge oder weite Schleife wirft. Manchmal ist dieser Unterschied auch mit der Geschwindigkeit der Leine gekoppelt. Eine weite, offene Schleife läßt sich auch mit mäßigem Tempo werfen, eine enge dagegen kaum. Außerdem ist bei einer engen Schleife schon deswegen ein schnellerer Wurfablauf notwendig, weil sich anderenfalls die Fliege in der Leine verfängt. Mit einer engen Schleife läßt es sich gut gegen den Wind werfen, und wenn es eben geht, findet dies mit Hilfe des Seitenwurfes dicht über der Wasseroberfläche statt. Auch wie der Fischer die Fliege zu servieren gedenkt, bestimmt das Ausmaß der Schleife. Beim ‚Gebetsroither-Stil' werden Leine und Schleife beim Rückschwung fast horizontal ge-

Das Werfen mit der Trockenfliege

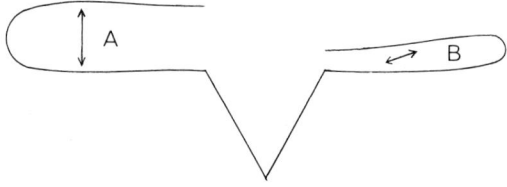

Abb. 4. A: vertikale Schleife (Vorschwung); B: horizontale Schleife (Rückwurf)

worfen, beim Vorschwung geschieht das vertikal. Damit wird ein Verfangen der Fliege oder Verwickeln der Leine ausgeschaltet (Abb. 4). Der Rückwurf verläuft also, von oben gesehen, ein wenig bogenartig. Dieser Bogen, mit der Rutenspitze beschrieben, darf nur angedeutet und nicht übertrieben werden.

Die Wurfebene

Der Aktionswinkel ist auch mit der Wurfebene verbunden. Die hin- und herschwingende Leine fliegt in einer bestimmten Höhe, die als Wurfebene bezeichnet wird. Je enger der Aktionswinkel eingehalten wird, um so höher ist die Wurfebene. Je weiter geworfen werden soll, desto mehr muß der Aktionswinkel geöffnet werden und um so tiefer sinkt hiermit die Wurfebene (Abb. 5). Im Spiel des Wurfes hebt und senkt sich also, je nach Bedarf, auch die Wurfebene.

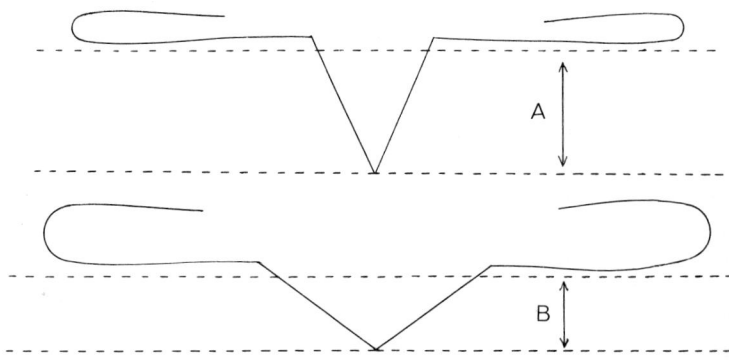

Abb. 5. A: spitzer Aktionswinkel = hohe Wurfebene; B: stumpfer Aktionswinkel = tiefe Wurfebene

Die Wurfebene

Die Wurfebene kann entweder parallel (wie in Abb. 5) oder nach vorn oder hinten geneigt verlaufen. Solange der Werfer gleichmäßig in einer Waagerechten nach vorn und hinten wirft, verläuft sie parallel. Wenn er aber die Leine beim Rückwurf früher oder später abstoppt, dann muß er die andere Hälfte des Wurfes ausgleichen. Bei frühzeitigem Abstoppen des Rückwurfes neigt er zwangsläufig die Wurfebene nach vorn, mit einem späten nach hinten (siehe Abb. 6). In der Regel wird in einer ein bißchen nach vorn geneigten Wurfebene geworfen, damit der Rückwurf hoch genug ausfällt.

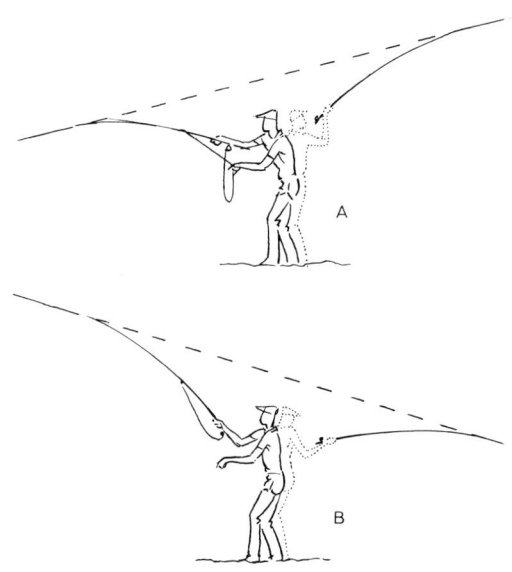

Abb. 6. A: nach vorne geneigte Wurfebene; B: nach hinten geneigte Wurfebene

Die Wurfebene sollte stets in einer Geraden verlaufen. Sie darf nicht nach oben oder unten gekrümmt sein. Die Leine muß immer in einer Ebene hin- und herschwingen, denn sonst verliert sie das ihr durch die hohe Geschwindigkeit zusätzlich verliehene Gewicht, das es erst ermöglicht, die Fliege weit zu werfen. Deshalb mißlingt jeder bei einer gekrümmten Wurfebene ausgeführte Wurf. Werfer, die nicht die physikalischen Gesetze, denen auch der Fliegenwurf unterliegt, erfassen und in die Praxis umzusetzen verstehen, krümmen die Wurfebene nach unten. Daraus resultiert das anschließende leichte

Berühren des Hintergeländes oder der Wasseroberfläche. Wiederholen wir's der Wichtigkeit wegen noch einmal: Die Leine muß immer in einer Ebene verlaufen. Die Rutenspitze darf sich nur in der oberen Hälfte eines gedachten Kreises bewegen, also im oberen 180°-Bereich. Die Wurfebene besteht jeweils aus einer Hälfte des Rück- und Vorschwungs.

Die Geschwindigkeit der Wurfleine

Man kann die Leine schnell oder langsam werfen. Je kürzer geworfen werden soll, um so überflüssiger ist eine hohe Geschwindigkeit der Leine. Je weiter der Fischer aber zu werfen gezwungen ist, desto nötiger wird sie, weil ja der gesamte Wurfablauf den Gesetzen der Schwerkraft unterliegt. Eine Leine, die immer länger und immer langsamer durch die Luft geworfen wird, kommt zwangsläufig dem Boden näher und näher. Diese Tatsachen nötigen den Werfer, sofern er nicht im Nahbereich zu fischen gedenkt, die Leine meist in schnellem, rasantem Tempo zu bewegen. Aber auch beim Fischen im Nahbereich, wenn eine Trockenfliege ans Vorfach geknüpft ist, sollte nicht auf schnellere Führung der Leine verzichtet werden, denn versierte Trockenfischer verzichten meistens darauf, ihre Fliegen mit diversen Schwimmpräparaten zu behandeln. Sie trocknen die Fliege mit Hilfe stark beschleunigter Luftwürfe. Zuletzt sollte noch betont werden, daß bei hoher Leinengeschwindigkeit für das Schießenlassen eine viel größere Menge Energie freigesetzt wird, die besonders bei Distanzwürfen erforderlich ist, worüber später noch berichtet wird.

Der Zug an der Leine

Die Leinengeschwindigkeit läßt sich außer mit schnellerem Hin- und Herschwingen der Rute auch noch mit zusätzlichem Ziehen an der Leine steigern. Hierzu dient beim Rechtshänder die linke Hand. Die bisher aus dem Spiel gelassene linke Hand hat nämlich die wichtige Aufgabe, der Leine festen Halt zu geben und durch mehr oder weniger starkes Ziehen den Wurfablauf zu beschleunigen. Je stärker, um so schneller schießt die Leine hin und her. Man unterscheidet den Einzelzug beim Vorschwung und den meistens ausgeführten Doppelzug beim Vor- und Rückschwung. Bei den heute üblichen Distanzwürfen ist der Doppelzug bereits zur Selbstverständlichkeit geworden.

Das Timing

Die Flugleine stellt beim Werfen mit der Fliegenrute das Wurfgewicht dar, das bei anderen Angelarten der Spinnköder oder das Grundblei bewirkt. Ein solch eigenartig geformtes Wurfgewicht von 27 m Länge und nur 1–2 mm Durchmesser bringt seine Probleme mit sich und verlangt ganz bestimmte Bewegungsabläufe und Pausen. Die Pause, die beim Fliegenwurf eingehalten werden muß, nennt man in der Fachsprache ‚das Timing'. In dieser Zeit gibt der Werfer der Leine Gelegenheit, sich fast nach hinten oder nach vorn zu strecken. Hält er das Timing nicht genau ein und beginnt den Gegenwurf zu früh, verliert der Wurf an Energie. Wartet er zu lange, so daß die Leine sich vollkommen gerade streckt, bricht der Wurf zusammen. In beiden Fällen würde der Wurf also an Dynamik verlieren. Fliegenfischer, denen das Timing noch nicht vollkommen in Fleisch und Blut übergegangen ist, sollten sich ruhig umdrehen und den Flug der Leine nach hinten beobachten.

Der Service

Für das Trockenfischen kommt gewöhnlich nur der Wurf mit der möglichst zart auf das Wasser fallenden Fliege in Frage. Dies gewährleistet nämlich unverdächtiges Aufsetzen und verhindert eine unsachgemäße Benetzung von Hecheln, Körper und Schwanzfäden, was ja ein sofortiges Absinken der Trockenen zur Folge hätte. Es sei denn, es wird mit Fliegen aus Balsa oder Kork gefischt. Dieser Trockenfliegen-Service geht mit einer in der Luft langgestreckten Leine vor sich, die das ausgerollte Vorfach fast senkrecht auf die Wasseroberfläche fallen läßt. Zuerst geht die Leine nieder, dann folgt das Vorfach und letztlich landet die Fliege ganz zart und weich. Sollen nämlich die mehr oder weniger guten Schwimmeigenschaften diverser Trockenfliegen bis zur letzten Sekunde genutzt werden, dann müssen sie so zu Wasser gehen, wie hier beschrieben, und nicht anders.

Das Werfen mit der Trockenfliege

1. Übung – Der Grund- oder Basiswurf

Beim Rechtshänder hält die rechte Hand die Rute, die linke die Leine, die schön locker in knielanger Schlaufe zwischen Hand und Rolle herabhängen soll. Die Rute befindet sich in der 9-Uhr-Position. Mit der Linken gehen wir bis zum Rutengriff.

Mit einer jähen Bewegung, die ständig an Geschwindigkeit zunimmt, und mit steif gehaltenem Handgelenk reißen wir etwa 9 Meter Leine nach hinten hochoben. Beim Abstoppen soll die Rutenspitze in der 13-Uhr-Position verhalten, der Unterarm des Werfers zwischen 12 und 13 Uhr (Abb. 7). Diesen Rückwurf haben wir mit einer nach rechts außen gelegten Schleife geworfen, indem mit der Rutenspitze ein leichter Bogen nach rechts beschrieben wurde. Bei dieser Wurfphase stellt sich der Fischer am besten ein bißchen seitlich, so daß die zurückfliegende Leine mit den Augen verfolgt werden kann. Wenn etwa der letzte Meter nach hinten ausrollt, muß bereits der Vorschwung eingeleitet sein. An dieser Stelle soll nicht verschwiegen werden, daß jeder Werfer für diesen Vorgang sein ganz persönliches Gefühl entwickeln muß, damit er den Zeitpunkt des zu beginnenden Vorschwungs genau abpaßt, und zwar ehe die Leine in der Luft zu fallen beginnt.

Der Vorwärtswurf geschieht, wie eingangs schon erwähnt, mit einer vertikalen Schleife und wird zwischen 10 und 11 Uhr abgestoppt. Beim Rückwurf läuft die Leine rechts an der Rutenspitze vorbei hoch nach hinten, beim Vorschwung dagegen über die Rutenspitze. Darauf muß streng geachtet werden.

Ist die Leine fast nach vorn ausgestreckt – Timing einhalten! –, wird sie wieder nach hinten geworfen. Diese Übung muß, ehe sie in Fleisch und Blut übergegangen ist, eine Weile durchexerziert werden. Kommt der Werfer mit dem Timing durcheinander, was vor allem beim Rückschwung, der weitaus schwieriger ist, vorkommen kann, läßt er einfach die Leine hinter sich zu Boden fallen und beginnt das Ganze von vorn. Ein paar Ruhepausen bringen die notwendige Konzentration zurück.

Erinnern wir uns noch einmal: Beide Hände müssen nebeneinander am Rutengriff hin- und hergeführt werden. Die Linke macht also alle Rutenbewegungen mit. Der Verlauf von Leine und Schleife muß ständig mit den Augen kontrolliert werden. Gleich von Anfang an sollte darauf geachtet werden, daß die Wurfebene nach vorn etwas abfällt und nach hinten ansteigt. Horizontale Schleife beim Rück-

1. Übung – Der Grund- oder Basiswurf

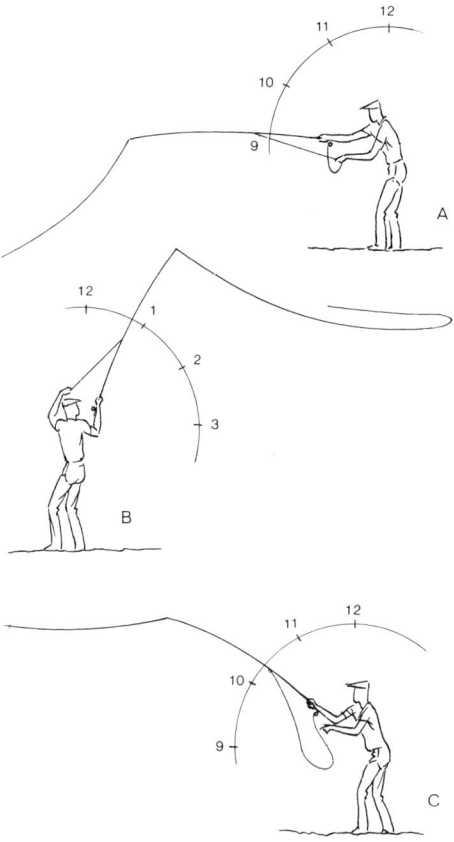

Abb. 7. A: die Ausgangspositionen; B: Position am Ende des Rückwurfes; C: der Vorwärtswurf mit anschließendem Schießenlassen

schwung, vertikale beim Vorschwung. Das Handgelenk der rechten Wurfhand stets steif halten und nicht nach hinten abknicken lassen.

Abschließend wird diese Übung im Wechselgang mit kurzer und langer Leine solange wiederholt, bis sie sitzt. Ist das der Fall, gibt man zur Probe die Leine beim letzten Vorschwung mal frei: man läßt schießen (Abb. 7, Fig. C).

Das Werfen mit der Trockenfliege

2. Übung – Der einfache Zug

Alles, was bis jetzt gemacht worden ist, geschieht auch bei dieser Übung. Was noch dazukommt, ist das Ziehen an der Leine mit Hilfe der linken Hand, und zwar erst einmal während des leichteren Vorschwungs. Sobald also der Vorschwung beginnt, zieht gleichzeitig die linke Hand, die bisher am Rutengriff mitgeführt worden ist, energisch und beschleunigend die Leine nach unten. Anfangs sollte das gezogene Leinenstück, vom Griff gerechnet, nicht länger als 60 bis 80 cm sein.

Beginnt sich die Leine nach vorn zu strecken, folgt die Linke ihrem Zug, und am Ende des Vorschwungs ist sie wieder in ihre alte Position in unmittelbarer Nähe des Rutengriffs zurückgekehrt. Der Werfer wird sofort merken, welch wichtige Rolle die Schnurhand zu spie-

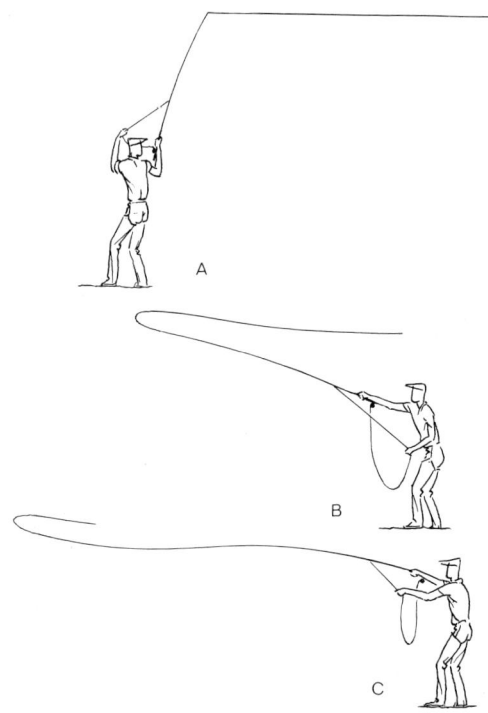

Abb. 8. Der einfache Zug. A: die Ausgangsposition; B: die linke Hand übt den Zug aus; C: die linke Hand folgt der Leine in Richtung Leitring

len hat und wieviel schneller die Leine nach vorn gesaust ist. Auch die Schnurschleife ist durch die gesteigerte Geschwindigkeit viel enger ausgefallen (Abb. 8).

Als nächstes sollte der Fischer versuchen, die Leine ein bißchen zu verlängern. Auch sollte mal schneller und mal langsamer geworfen werden, einmal mit und einmal ohne Zug. Diese Variationen vertiefen das Gefühl für den jeweiligen Wurfablauf, was für die spätere Praxis wichtig ist. Und auch das Schießenlassen sollte hin und wieder schon studiert werden: Sobald der Zug und der Vorschwung abgeschlossen sind, gibt die Linke die festgehaltene Leine frei, und diese wird, samt der durchhängenden Reserve, mit Rasanz nach vorn schießen. Diesen Vorgang nennt man das Schießenlassen (Abb. 9).

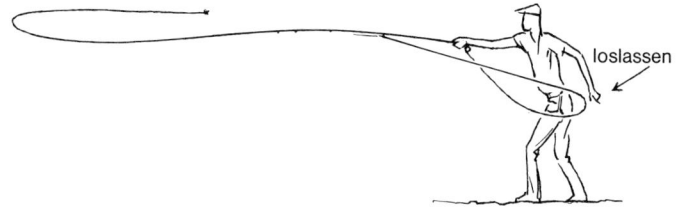

Abb. 9. Das Schießenlassen der Leine

Damit lassen sich, je nach Anforderung und Wurfvermögen, etliche Meter Wurfleine nach draußen bringen. Deswegen sollte man, sobald diese Lektion einigermaßen sitzt, versuchen, während des Rückwärtsschwungs ein paar zusätzliche Längen von der Rolle zu ziehen, um diese in der Luft nach vorn schießen zu lassen. Diese zusätzlich hinausgebrachte Leine darf aber nicht den Boden berühren, sondern sollte in der Luft gehalten werden. Diese Vorgänge nennt man das Verlängern und das ‚Die Leine in der Luft halten'.

3. Übung – Der Doppelzug

Im Gegensatz zum einfachen Zug, der im vorhergehenden Abschnitt behandelt worden ist, wird der Doppelzug mit *zweimaligem* Zug mit der linken Hand ausgeführt. Vorhin wurde nur beim Vorschwung gezogen, jetzt geschieht das beim Vor- und Rückschwung. Die Aus-

Das Werfen mit der Trockenfliege

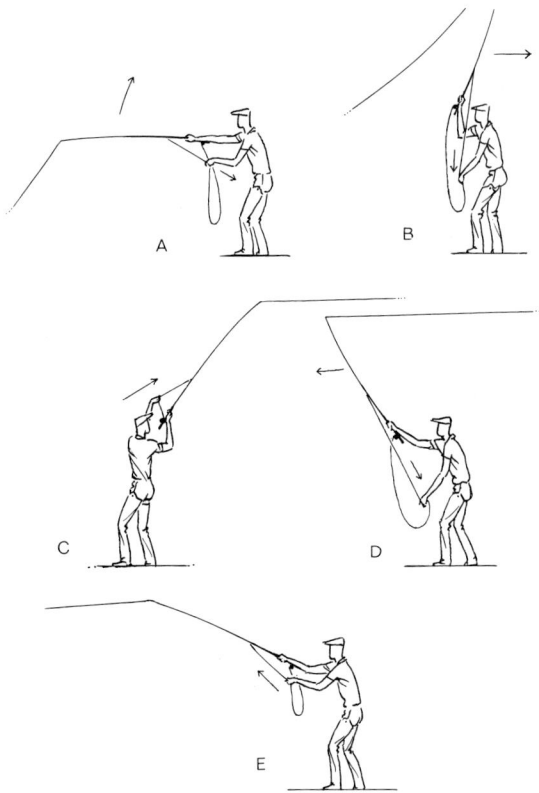

Abb. 10. Der Doppelzug. A, B: Ausgangsposition = Die rechte Hand reißt die Rute nach oben, die linke zieht die Leine nach unten. C: Wenn die Leine nach hinten fliegt, folgt die Linke ihr in Richtung Führungsring. D: Während des Vorschwungs zieht die Linke die Leine wieder nach unten. E: Wenn die Leine nach vorne fliegt, folgt ihr die linke Schnurhand wieder zum Führungsring

gangsposition ändert sich nur wenig. Die Rute ist in 9-Uhr-Position gesenkt, und die linke Hand mit der Schnur berührt fast den Führungsring. Mit dem schon eingeübten Ruck nach hinten oben wird die Leine zurückgeworfen. Dabei ziehen wir, wie vorhin, bei zunehmender Beschleunigung mit der linken Hand an der Leine. Nach Abschluß des Zuges, etwa wenn die Rechte nach oben in die 12-Uhr-Position zeigt, sollte der Abstand beider Hände voneinander nicht mehr als einen Meter betragen. Der Leine, die mit großer Geschwindigkeit

3. Übung – Der Doppelzug

hoch nach hinten fliegt, gibt die linke Hand jetzt nach und folgt ihr, indem sie wieder in die alte Stellung zum Rutengriff zurückkehrt. Damit ist sie schon wieder in die Ausgangsstellung für den zweiten, schon geübten Zug gebracht worden (Abb. 10). Die Linke zieht wieder wie bei dem vorausbehandelten einzelnen Zug, nämlich dann, wenn der Vorschwung beginnt, und folgt wieder dem Zug der Leine bis zum Führungsring oder, je nach Rutenkonstruktion, in seine Richtung. Wenn die Leine fast nach vorn in der Luft ausgerollt ist, geht es wieder zurück. Und so fort und so fort...

Der Werfer kann die Leine beliebig lange hin- und herwerfen und mit der Dosierung des Doppelzuges die Tempi nach seinem Ermessen steigern oder vermindern. Nachdem er ein bißchen Routine bekommen hat und die ersten Verkrampfungen sich gelöst haben, wird er merken, wie sehr der Doppelzug seine Kräfte entlastet. Darum sollte er solange üben, bis er ihn einigermaßen sicher beherrscht und die einzelnen Wurfphasen in ein Zusammenspiel von Harmonie und Rhythmus übergehen. Der Werfer sollte, bis er das Timing ohne hinzuschauen einhalten kann, ruhig den Weg der Leine nach hinten mit den Augen verfolgen.

Gutes Werfen, und besonders ein guter Stil, verlangen ihren Preis. Wenn es die Zeit erlaubt, sollte anfangs 10 Minuten täglich geübt werden. Man gehe systematisch alles bisher Gelernte durch: Kurze, normale und weite Würfe, mit und ohne einfachen oder doppelten Zug. Nur so gibt es wirkliche Fortschritte. Vor den Erfolg haben die Götter nun einmal leider den Schweiß gesetzt.

Ratschläge und verschiedene Tricks

Dem Fliegenfischer, der den Doppelzug aus dem Effeff beherrscht, werden sich bald die Tore zu allen Tricks und Raffinessen öffnen. Denn am Fischwasser, mit all seinen unterschiedlichen Strömungen und Hindernissen, widrige Winde inbegriffen, bieten sich die Verhältnisse anders als auf dem Übungsrasen dar. Wer zum erstenmal an einer sehr turbulenten Strecke seine Künste erproben will, wird anfangs gewiß die schriftliche Wurfanleitung, und sei sie noch so gut geschrieben, in Zweifel ziehen. Auf einmal aber klappt es dann doch, dank des vorausgegangenen Trainings und der nach und nach gewonnenen Routine, die auch den Meistern der Fliegenrute nicht in den Schoß gefallen ist.

Der Rollwurf

Eine sehr nützliche Variante des Fliegenwurfes ist der Rollwurf, der später noch genauer im Präsentations-Kapitel beschrieben wird. Er hilft aus der Verlegenheit, wenn sich hinter uns baumhohe Hindernisse auftürmen, die einen Rückwurf nicht erlauben. Er kann aber auch in alle Strömungsrichtungen ‚geschlagen' werden, und der Routinier benutzt ihn vor allem beim Stromauffischen, um die herangetriebene Trockenfliege elegant aufzunehmen.

Der Seitenwurf

Er wird hauptsächlich unter überhängenden Zweigen angewandt oder wenn bei starkem Gegenwind der Wurf dicht über der Wasseroberfläche ausgeführt werden muß. Seine Ausführung bedarf keiner besonderen Anstrengung: Die Rute wird seitlich geführt, und Leine und Schleife müssen unter der Rutenspitze hin- und herlaufen.

Der Distanzwurf

Er wird in der Praxis seltener gebraucht als angenommen, doch es lohnt sich, ihn zu üben, weil er die Beherrschung und Handhabung des Wurfgerätes vertieft. Und wenn dann eines Tages doch einmal, ganz weit vom Angler weg, ein guter Fisch steigen sollte, der sich nur mit Hilfe des Distanzwurfes erreichen läßt, dann gibt es für den Fliegenfischer kaum etwas Befriedigenderes, als ihn über diese, für manch einen unüberbrückbare Entfernung doch noch an die Fliege zu bekommen.

Der Fallschirmwurf

Das ist nichts anderes als ein Vorwärtswurf mit nach hinten geneigter Wurfebene. Er wird später im Präsentationskapitel eingehender behandelt.

Der Schlangenwurf

Mit ihm läßt sich die gleiche Wirkung, nämlich das ungehinderte Abtreiben der Fliege, erreichen. Auch er wird später im selben Kapitel beschrieben wie der links oder rechts geworfene Schnurbogen, der für ein ungehindertes Abtreiben der Fliege sorgt.

Was wir dem weniger geübten Trockenfischer abschließend noch empfehlen, ist das ständige Training und das Bestreben, bei jedem Wurf, sei es auf der Wiese oder am Fischwasser, die Rute exakt zu führen. Denn nur mit Hilfe der eigenen Disziplin wird man eines Tages imstande sein, ein überdurchschnittlicher Werfer zu werden, dessen Leinen- und Rutenführung am Fischwasser auch einen ästhetischen Eindruck vermitteln.

Das Wasser – eine ständige Erzählung

Die Oberfläche ist die Physiognomie eines jeden Fischwassers. In seinem Antlitz liest der Kundige mit psychologischem Verständnis alles über Reichtum, Armut, Charakter, Lebenslust, Gesundheit, Krankheit, Siechtum, Agonie ... Wasser bietet gute Gesellschaft. Wie ein trauter Freund und Gefährte plaudert es so manches Geheimnis aus, versteht man sich nur auf seine Sprache. Und nichts ist unterhaltsamer als ein munterer Gebirgsbach oder ein gesund dahinströmender Salmonidenfluß. Erst später, wenn das Wasser, an Breite und Fülle gewinnend, hinaus in die Ebene strömt, gibt es sich verschlossener, tiefer, geheimnisvoller.

Mit seinen Launen und Stimmungen unterscheidet sich ein Fluß kaum von Mensch und Tier. Er kann sich sanft und freundlich, schöpferisch und gestalterisch, rasend und vernichtend gebärden. Den Menschen gab er in früheren Zeiten Arbeit und Nahrung und war nicht selten Zubringer neuer Kulturen. Wir haben es diesem Lebensspender schlecht gedankt. Vielerorts begradigt, zwischen Beton eingesperrt, vergewaltigt und besudelt, sind unsere Flüsse keine Heilsbringer, keine Lebensspender mehr.

Der Trockenfliegenfischer, angewidert die Phenoldünste und verwüsteten Gestade des Tieflandes hinter sich lassend, strebt bergan. Frühestens bei der sogenannten Barbenregion, wo die ersten Äschen nach den Fliegen aufgehen, beginnt seine Welt, bis hin zum schmalen, quickgesunden Quellbach, wo der wunderschön gefärbte Saibling Koppe und Nymphe jagt und wo wintertags die Buntgetupften sich mit zitternden Flanken über den Laichbetten drängen. Hier oben, weit über dem hastenden Menschengewühl, kann man wieder freier atmen. Von diesem Punkt wollen wir gemächlich abwärts wandern und das Wasser studieren, seinen Erzählungen und Offenbarungen lauschen, es beobachten und beurteilen lernen.

Jeder Fluß ist das Kind der Landschaft, in der er geboren wurde. Steht seine Wiege im Mittel- oder Hochgebirge, dann durchfließt er in seinen Anfängen oft Täler, Schluchten und Klüfte mit starkem Gefälle. Da diese Einschnitte oftmals sehr tief sind, müssen sich die

Gewässer durch recht schmale Betten zwängen. Hier lagern meist große Steine und einsame Felsen, der Grund ist mit grobem Schotter belegt. Manches solcher Hindernisse ragt nicht über die Oberfläche hinaus, sondern verursacht nur eine starke Wellenbewegung oder drückt das Wasser zu einem Strahl zusammen. Donnernd rauscht der Fluß durch Runse und Klamm, mit mächtigem Schub.

Einem wenig erfahrenen Fliegenfischer würde es kaum einfallen, hier einen Versuch mit der Naßfliege, geschweige denn mit der Trockenfliege zu wagen, weil ihm eine korrekte Fliegenführung unmöglich erscheint, von den körperlichen Strapazen und Gefahren einmal ganz abgesehen. Dennoch gibt es eine ganze Reihe von Fluganglern, die gerade solch schwierige, zum Teil hochalpine Abschnitte bevorzugen und mit Erfolg befischen. Für die Salmoniden selbst, die hier zu Hause sind, stellt sich übrigens das Dasein längst nicht so hart dar, wie es den Anschein hat. Denn in diesen reißenden und gischtigen Wildbächen und -flüssen hat sich eine reichhaltige Insektenfauna etabliert und entwickelt, obgleich sich zu Zeiten der Schneeschmelze und der Hochwasser die in Bewegung geratenden Kies- und Schotterbänke in ein tödlich knirschendes Mahlwerk verwandeln. Dennoch ist die Natur dort, wo man sie ungestört wirken läßt, unerschöpflich. Nymphen und Larven gedeihen hier im gesunden, sauerstoffreichen Wasser zu Abertausenden, und der Fisch, der mit und von ihnen lebt, schöpft aus dem vollen.

Auch der Trockenfliegenfischer, der diesen Biotopen verfallen ist, kennt die Vielfalt des natürlichen Nahrungsangebotes. Er weiß, daß in diesen scheinbar kräftezehrenden Wildwassern nur in den höheren Schichten starker Strömungsdruck und Turbulenzen vorherrschen. Am Gewässerboden ist dagegen die Wasserbewegung weitaus gemäßigter. Denn es sind all die grundlagernden Felsen, Steine und Brokken, die sich auf die unteren Wassermassen bremsend auswirken, so daß hinter manchem steinernen Hindernis fast vollkommene Ruhe herrscht. Daß diese bequemen Einstände schnell ihre Liebhaber finden, versteht sich von selbst, und es sind nicht immer die Kleinsten, die sich hier einfinden. Und bei plötzlich einsetzendem Insektenschlupf läßt sich die lauernde Forelle durchaus dazu hinreißen, bis zur Wasseroberfläche durchzustoßen und die eine oder andere Subimago aus den Wellen zu picken. Jetzt schlägt die Stunde der Trockenfliege.

Steigen wir auf unserer Exkursion doch einmal ins Wasser und heben einige flache, tellergroße Steine ans Tageslicht. Ihre Unterseiten legen uns eine ganz eigene Welt offen, und der weniger Erfahrene ist

Das Wasser – eine ständige Erzählung

baß erstaunt, welch krabbelnde und schwänzelnde Vielfalt bizarr geformten Insektenlebens sich vor seinen Augen offenbart. Da schlängeln sich zunächst, im noch dünn anhaftenden Oberflächenfilm des steinernen Studienobjektes, die schlanken Balletteusen unter den Eintagsfliegennymphen, die Baetidae. Dazwischen schimmern braunrötliche Paraleptophlebiae mit ihren charakteristischen gabelförmigen Kiemenlamellen. Platt und etwas schwerfällig, mit überlangen Schwanzfäden behaftet, versucht ein halbes Dutzend *Epeorus*-Nymphen aus dem Hellen zu kriechen. Und etliche *Rhithrogena, Heptagenia* und ein paar Marsgeschöpfen ähnelnde *Ecdyonurus*-Nymphen vervollständigen das aufgestörte, durcheinanderhastende Sammelsurium. Es ist kaum zu glauben, welcher Reichtum verborgenen Lebens auf dem winzigen Terrain von einigen beliebig ausgewählten Steinen sein Auskommen findet.

Ein zweiter neugieriger Versuch bringt, unter ein paar Bekannten von vorhin, ein etwa 5 cm langes, dunkelbraun gefärbtes Urtier aus grauer Vorzeit zutage, eine große Perlide. Es ist die Larve unserer größten Steinfliege, die zu den ältesten Insektenarten gehört. Da ist auch noch ihre kleinere Verwandte, eine wunderschöne, gelbgefärbte *Isoperla*, mit dunklen Knopfaugen! Steinfliegen, das merke man sich, sind Indikatoren für sauberstes Wasser. Wo sie beheimatet sind, da ist die Welt noch in Ordnung.

Unser Forschungstrieb fördert noch ein paar aufgeregt strampelnde Flohkrebse ans Licht und etliche Larven der Köcherfliege: *Hydropsyche* und *Rhyacophila*, deren feindlichem Aussehen man kaum zutraut, daß eines Tages ihren Hüllen so schön gestaltete Sedges entschlüpfen. Und da stöbern wir gleich auch noch eine ganze bunte Palette anderer Köcherfliegenlarven auf, die aus kunstvoll zusammengefügten Mosaiken ihre Köcher gesponnen haben, umgeben von winzigen Kieseln und Steinchen. Wenn wir abschließend noch eine Probe aufs Exempel wagen und mit Hilfe eines Gefährten ein Taschentuch, an allen vier Ecken stramm gespannt, nur für wenige Augenblicke gegen die Strömung halten und davor den Grund ein bißchen mit den Stiefeln aufwühlen, dann lüften wir eine Anzahl kleiner *Torleya*-Nymphen, die sich in dem leinernen Gewebe verfangen haben. Ja, hier wimmelt es vor Leben. Und da sollten keine Fische zu fangen sein?

Wollen wir jetzt unsere entomologischen Studien erst einmal abbrechen und die Augen für jene Stellen schärfen, wo man mit Sicherheit Forelle, Saibling und auch Äsche antreffen kann. Wir wollen, vom Rauschen und Murmeln des Flusses begleitet, all die fangverdächtigen Stellen abschreiten und begutachten, damit auch der weniger Erfahrene die Rätsel des Wassers zu lösen lernt: Vor allem sollte man sich jene Züge anschauen, die inmitten recht lebhafter Strecken etwas ruhiger dahinströmen. Denn dieser Frieden deutet meist auf eine Mulde oder Vertiefung im Flußboden hin. Solche Punkte sind hervorragende Quartierstellen, die größeren Fischen Deckung und Schutz vor dem Strömungsschub gewähren. Hat man erst einmal einen Blick für solch latente Unterstände bekommen, dann wird man überrascht feststellen, wie viel Leben es dort im Verborgenen gibt.

Auch wo zwischen herausragendem Geklipp zwei oder mehrere Strömungen zusammentreffen, ist während der Freßphasen mit der Anwesenheit beutender Fische zu rechnen. Ferner ist jeder gemäßigte Durchfluß einer Rinne beachtenswert, denn hier wird die herantreibende Nahrung konzentriert durchgeschleust, und bei gutem Einblick und günstigem Lichteinfall präsentiert sich die komplette Forellenhierarchie. Vornweg, gewichtig und erhaben, die Patriarchen in schön schwarzrot getupftem Ornat, die besten Happen für sich reservierend. Dahinter, in ordentlicher Rangfolge, die zweite Garnitur, die Stellvertreter. Und endlich, am Schluß, die Novizen, nervös nach den Resten heischend.

Früh aus den Federn gestiegen, sollte der Fliegenfischer den seichteren Stellen seine besondere Aufmerksamkeit schenken, denn zu dieser Zeit revieren dort die ganz Großen, und auch Gevatter Döbel, sofern vorhanden, schätzt Ort und Stunde. Wenn man es versteht, sich äußerst geräuscharm und erschütterungsfrei zu bewegen, dann besteht die reelle Chance, sich auf Wurfdistanz an die vehement raubenden Großsalmoniden heranzutasten und einem jener sagenhaften Einzelgänger die Fliege mund- und kunstgerecht zu präsentieren. Ein Fight, der dem Fischersmann das Letzte abfordert, ist Lohn der Mühe. Denn kapitale Forellen sind permanente Nachträuber, die ihre Beutezüge nicht selten bis in den frühen Morgen ausdehnen.

Wenden wir uns jetzt den Hindernissen zu, den Zwingburgen so mancher starken Fische. Ein ins Wasser gestürzter Baum, von den Fluten im Kliff festgerammt, oder Geäst und Geschwemmsel, als schutzbietendes Bollwerk vom letzten Hochwasser aufgetürmt, all das sind vortreffliche Einstände und Zufluchtsstätten von wohlproportionierten Einsiedlern. Doch diese Barrieren und Schutzschilde halten nicht ewig. Spätestens die nächste Schmelze fegt sie hinweg oder verändert ihre Strukturen so stark, daß sie den Flugangler im kommenden Frühjahr, nach den meist unfruchtbaren Anstrengungen der letzten Nachsaison, zu einem frischen Vorstoß animieren sollten, bevor ein anderer den Fischen Gelegenheit gibt, ihre Erinnerungen an die Trockenfliegen wieder aufzufrischen. Denn Kleine und Unerfahrene sind's nicht, die hier an den Haken gehen.

Schäumende Schnellen und Kaskaden werden namentlich während der wärmeren Tage und Stunden von den sauerstoffbedürftigen Salmoniden gern aufgesucht. Der Fliegenfischer wird sich hauptsächlich im Laufe der Hundstage diesen Stellen widmen.

Ganz anders sieht's hingegen in den zu dieser Zeit meist überbewerteten Kolken und Gumpen aus, aus deren unergründlichen Tiefen manchmal geheimnisvolle, dunkle Schatten heraufzuschimmern scheinen. Der Angler denkt zwar, daß an diesen tiefsten Punkten des Gewässers auch die schwersten Fische hausen müßten, was durchaus möglich sein kann. Nur handelt es sich hierbei leider meist um ruhende Exemplare, die dort, sich in ihren grünklaren Gralsburgen sicher wähnend, nach den Streifzügen der letzten Nacht Einkehr gehalten haben und in satter Behaglichkeit den unsicheren Tag verdämmern.

Da sind die Ein- und Ausläufe von Kolk und Gumpen schon etwas interessanter und desgleichen ihre flacheren, aber auch unterspülten Uferpartien. Die Tiefe selbst aber mit all ihren abgründigen Rätseln ist kein Garant für einen auf die Fliege versessenen Kapitalen. Allenfalls zu Anfang oder auch am Ende der Saison sammeln sich die Fische in solch ruhigen Zonen, von wo sie auch lebhaft zur Oberfläche aufsteigen. Aber das sind meist die geringeren Kaliber.

Die strömungsmäßig beschleunigten Züge eines Salmonidenflusses sind es also, die den dauerhaftesten Erfolg garantieren. Warum ist das so? Weil das Wasser hier immer mit genügend Sauerstoff angereichert ist und die flußabwärts driftenden Insekten, ehe sie davonwirbeln, vom Fisch aufgenommen sein müssen. Denn ein hungriger Fisch schnappt im Zweifelsfalle lieber nach einem zweifelhaften Brocken und speit ihn hinterher, nach erkanntem Irrtum, wieder aus, ehe er sich auf das Risiko eines verpaßten Bissens einläßt.

Derartige Ereignisse kann ein scharfsichtiger Beobachter allenthalben an unseren Flüssen erleben, und der Leser wird an späterer Stelle noch erfahren, wie kraß wir doch in die natürliche Verhaltensweise der Fische eingreifen und sie zu einem geradezu widernatürlichen Verhalten gegenüber tatsächlicher wie vermeintlicher Nahrung zwingen. Nicht jeder Erfolg braucht uns also die Brust schwellen zu lassen. Der Gentleman setzt allzu leicht errungene Beute wieder zurück. Denn ihm genügt schon, daß er Taktik und Technik der Trockenfliegenführung beherrscht, von denen an anderer Stelle mehr zu lesen sein wird.

Weiter talwärts, wo der Fluß, inzwischen durch zahlreiche Seitenbäche verstärkt, an Breite gewonnen hat, ist die Strömung gemäßigter, und sein Aussehen wechselt von Biegung zu Biegung. Zwischen einzelnen wellenumspülten Felsbrocken, die übrigens auch gute Stellen sind, finden wir weitausgedehnte, teilweise überflutete Kiesbänke, dann wieder tiefe Züge, die von eiligeren Strecken abgelöst werden, und von Mal zu Mal langgestreckte, verschwiegene Kolke. So etwa sehen die klassischen Reviere für die Trockenfliege aus. Favoritin ist hier die Äsche, und die Fischerei auf diese schöne, sanfte Fahnenträgerin ist wahrhaft königlich. Das Insektenvorkommen ähnelt dem der oberen Regionen, nur findet man weniger abgeflachte Steinklammerertypen, dafür aber um so mehr Flohkrebse.

Ist das Gewässer noch unverdorben und gesund, dann überrascht die reichhaltige Population kleinerer Steinfliegennymphen und das buntgefächerte Angebot der verschiedensten Köcherfliegenarten. Der Schluß, den der erfahrene Fischersmann daraus zieht, ist so einfach wie logisch: Viel Kleintierfauna – viel Fisch. Leicht werden es ihm die letzteren aber nicht machen, denn sie schöpfen ja aus dem vollen und sind wohlgenährt. An diesen Strecken sind die Regeln der klassischen Trockenfliegenfischerei ganz besonders zu beachten, und es ist nicht ratsam, sich bei Annäherung, Wurf, Präsentation und Leinenführung allzu grobe Fehler zu erlauben.

Studieren wir einmal in Ruhe die Oberfläche einer zwar nicht langsamen, aber doch offenbar ausgeglichenen Strömung ein bißchen genauer, denn hier befindet sich ideales Terrain für die Trockenfliege. Bei sorgfältigem Beobachten werden wir nämlich feststellen, daß auch hier, trotz scheinbar gleichmäßigen Fließens, erhebliche Unterschiede in der Strömungsgeschwindigkeit herrschen und ein ganz bestimmter Zug, sei es in der Mitte oder in Ufernähe, besonders schnell ist. Hier treiben kleine Schaumflecken und Partikel durch, und wenn ein allgemeines Schlüpfen im Gange ist, sind in diesem Abschnitt auch die Duns (frischgeschlüpfte, auf dem Wasser hockende Eintagsfliegen) am zahlreichsten vertreten. Dieses Gebiet ist für die Trockenfliege am vielversprechendsten. Aber auch dort, wo größere Steine, vom Geschiebe halb vergraben, den Strömungsdruck brechen, wirkt das Hinterwasser als Sammelbecken für alles mehr oder weniger Genießbare. Hier wird man während der Freßphasen fast immer auf einen oder mehrere Nahrung aufnehmende Salmoniden stoßen.

Verbreitet sich der Fluß zum Strom, wird es, zumindest in unseren Breiten, für die Flugangelei meist uninteressant. Stoßen wir aber trotzdem – wohl meist im Ausland – doch einmal auf so ein gewaltiges Gewässer, dann wird man sich an Ortskundige zu halten haben, die dem Gast in der Regel zu einem guten Boot mit Führer raten. Die ersten Kontakte mit dem neuen Gewässer aber wird man wohl zunächst vom Ufer oder an den Seitenarmen knüpfen. Auch hier muß sich der Fliegenfischer wieder in der Beobachtung der Wasseroberfläche üben sowie entomologische Studien treiben.

Ganz anders sieht es an stehenden Gewässern aus. Hier vergrault kein Dreggen der Fliege den Fisch. Die Strömung ist durch die Drift ersetzt, deren Richtung vom Wind, eventuell auch von einströmendem Wasser bestimmt wird. Diese relative Bewegungslosigkeit, durch Flaute und grellen Sonnenschein noch gesteigert, erweist sich manchmal als echtes Handikap. Denn nichts verrät unsere Absicht schonungsloser als eine spiegelglatte Oberfläche, auf der, vom Licht der Sonne angestrahlt, die Fliege wie ein Rasierpinsel, das Vorfach wie ein Ankertau wirkt. Darum schätzt der See-Fliegenfischer einen verhangenen Himmel und vom Wind aufgerauhtes Wasser. Solche Verhältnisse gestatten auch den Versuch, durch Leinenzug und Wippen mit der Spitze der auf dem Wasser reitenden Fliege Leben einzuhauchen. An See oder Teich muß sich der Angler ebenfalls bemühen, die Standplätze und bevorzugten Stellen der Fische auszukundschaften, obwohl sie hier viel mehr zum Herumstreunen neigen als anderswo. Dabei wird er im Laufe einer Saison feststellen können, daß die Fische, je nach Tag und Stunde, fast immer wieder an denselben Plätzen anzutreffen sind. So z. B. an Dämmen, Mauern, Zu- und Ausflüssen; morgens und abends im Seichten, während der warmen Stunden unter schattenspendendem Gezweig. Dort, wo sich Geschwemmsel angesammelt hat, treibt nicht selten ein reicher Flor lebloser Insektenleiber, an denen sich neben den Salmoniden auch Freund Döbel gütlich tut.

Wo das Flache jäh zum Abgrund abfällt, steht sommertags der Fisch gern über der Tiefe, von wo er sich jederzeit zur kühlen, sauerstoffangereicherten Sprungschicht absinken lassen kann. Hier fängt er gern die reifen, zu Licht und Wärme strebenden Zuckmückenlarven ab, die auf der sommerlichen Speisekarte unserer Spezies ganz obenan stehen. Sie machen in stehenden Gewässern den Hauptanteil tierischer Nahrung aus, und nicht selten finden sich pro Quadratmeter See- oder Teichboden 3000 Stück oder mehr. Aber auch ein üppiges Vorkommen an Eintagsfliegen, wie etwa Ephemera, Heptagenia, Caenis, sowie zahlreiche Köcherfliegen und notgewasserte Landinsekten sorgen dafür, daß das Interesse der Fische für Flugnahrung niemals erlischt. Obwohl die Flugangelei in stehenden Gewässern ganz besonderer Taktiken und Methoden bedarf, hat sie für denjenigen, der sich ihr verschrieben hat, ihre speziellen Reize.

Ein besonderes Kapitel stellen die Karstflüsse dar. Sie sind durchweg mit der Fliege sehr schwierig zu befischen. Das hat viel mit der Eigenart dieser Biotope zu tun, die auch auf ihre Bewohner nicht ohne Einfluß bleiben. Alle Karstflüsse werden aus weitverzweigten, unterirdischen Wasseradern gespeist, die nicht selten unter wasserarmen Landstrichen liegen, wo weder Bächlein noch Quelle rinnt, gleichwohl aber eine üppige Vegetation wuchern kann. Karstflüsse sind von beständiger Temperatur: im Sommer kühl, im Winter relativ warm. Sie trüben nach Regen nur selten ein; geschieht es nach überdurchschnittlichen Niederschlägen doch einmal, dann werden andere Gewässer schon wieder klar, ehe sie, mit erheblicher Zeitverzögerung, so richtig ‚eindicken'. Kritisch aber wird es dort, wo ein ‚Normalgewässer' und ein Karstfluß aufeinandertreffen; hier kann es unterhalb des Zusammenflusses zu lang anhaltenden Trübungen kommen, die ein Fliegenfischen für lange Zeit unmöglich machen.

Das Verhalten der einzelnen Karstflüsse variiert natürlich, und jeder Fluß hat seine ganz spezifischen Eigenschaften. Das hängt von der Beschaffenheit und Zusammensetzung des Bodens ab. Ist das Gefälle stark und der Grund mit Steinen übersät, ähnelt das Wasser zwar einem Gebirgsfluß, seine Salmoniden sind jedoch unheimlich schwer zu fangen. Der klassische Karstfluß aber ist ein stilles, auf einem Karstfeld mäanderndes Gewässer, mit lehmigem Untergrund und satter Unterwasservegetation. Meterlange Krautarme spielen in der mäßigen Strömung, und in ihrem Schutz krimmelt und wimmelt es von Larven und Nymphen. Ein Kubikmeter Wasser würde mehrere tausend dieser Tierchen hergeben. In dieser Tatsache steckt auch schon die Antwort auf die Fragen so manchen verzweifelten Fliegenfischers, warum er an diesen Gewässern derartige Schlappen hinnehmen muß. Die beständige Wasserführung, die ausgeglichene Temperatur und der hohe, wachstumsfördernde Kalkgehalt des Wassers sind die besten Voraussetzungen für die Entwicklung einer geradezu märchenhaften Insektenfauna, die ja außerdem noch von so tödlichen

Katastrophen wie Hochwasser und Geschiebe verschont bleibt. Die Fische leben während aller vier Jahreszeiten in einem wahren Schlaraffenland und brauchen niemals Not zu leiden. Fastentage sind ihnen unbekannt. Im Gegenteil, ihnen fliegen im wahren Sinne des Wortes die ‚gebratenen Tauben' geradenwegs ins Maul hinein. Deswegen wachsen sie hier auch weitaus schneller ab als anderswo und fallen durch beachtlichen Leibesumfang, aber relativ kleine Köpfe ins Auge. Ein Ergebnis der gebotenen Bequemlichkeiten, denn sie brauchen sich ja nicht nach jedem Happen lang zu machen. Bringen wir sie aber doch endlich einmal an die Fliege, dann hat man fast das Gefühl, sie wollten uns aus Mitleid einen Gefallen erweisen.

Darum muß man einen Karstfluß ganz besonders gut studieren und sich bemühen, ihm womöglich auch die letzten Geheimnisse abzulauschen. Vor allem muß der Fischer zu erfahren trachten, ob die Bodenstruktur gleichmäßig verläuft oder ob Schwellen und Grate kaum sichtbare Turbulenzen verursachen. Alles, was zuvor über die bewegte Wasseroberfläche gesagt worden ist, gilt auch hier. Ebenso gilt, daß dort, wo sich die Strömung beschleunigt, auch die Chancen für die Trockenfliege wachsen. Nur eines darf man an einem Karstfluß niemals vergessen: Hier sind die Fische immer bedeutend wählerischer als anderswo.

Ganz gleich, an welchem Gewässertyp oder in welcher Gewässerregion man mit der Fliege zu fischen gedenkt: Es zahlt sich immer aus, ein paar Stunden, ein paar Tage, ja manchmal sogar lebenslang die Schlüpfperioden aller dort gedeihenden Insekten zu studieren und zu ergründen, wie die verschiedenen Metamorphosen das Verhalten der Fische beeinflussen. Es ist wichtig zu erfahren, zu welcher Tageszeit und in welcher Wasserschicht die Fische Nahrung aufnehmen. Eine Magenprobe klärt meistens, welche Insekten bevorzugt werden. Alle diese Dinge erleichtern nicht nur die Wahl der Methode, der Fliege und die Intuition am häuslichen Bindestock, sondern sie sind auch ein festes Element unserer Passion und unabdingbare Voraussetzung für kreatives und erfolgreiches Fischen mit der Trockenfliege.

Im Mittelpunkt unseres Interesses aber steht immer der Ring, verursacht an der Wasseroberfläche vom steigenden, nahrungsbedürftigen Fisch. Nichts durchglüht den Fliegenfischer brennender als dieses kleine, auf dem Wasser zerrinnende Mal. Je nach Gewässer und Strömungsverhältnissen sind diese Erscheinungen von unterschiedlichem Charakter und verraten vielerlei. Aus ihnen erfährt der Experte einiges über Appetit, Nahrungsvorliebe, Temperament, ja über den ‚Gemütszustand' des Verursachers schlechthin. Selbst das einzelne Individuum ist oft noch nach Jahr und Tag an der Manier seines Steigens zu identifizieren. Wie ein offener Foliant liegt der mit Leben erfüllte Fluß vor den Augen des Lesekundigen. Und wer nicht als zeichenblinder Analphabet zur ewigen Mittelmäßigkeit verdammt sein will, wird sich bemühen müssen, seine Bedeutung Blatt für Blatt zu entziffern.

Ringe entstehen also dann, wenn ein Fisch an der Oberfläche oder dicht darunter Nahrung aufnimmt. Sprünge während dieser Phasen gelten fast immer einem in der Luft befindlichen Insekt. Diese Zeichen sind stets an derselben Stelle oder in einem eng begrenzten Umfeld auszumachen. Solche Aktivitäten können sich, nach einer Ruhepause, allmählich entfalten und nach einer gewissen Zeit ihren Höhepunkt erreichen, wonach sie langsam wieder abflauen. Sie können aber auch schlagartig einsetzen und ebenso abrupt wieder abbrechen. Zwischen den Freßphasen von so unterschiedlicher Intensität, deren Ursachen immer in einem mehr oder weniger starken Insektenaufkommen im Oberflächenbereich zu suchen sind, können stundenlange, bei Kälteeinbruch auch tagelange Ruhepausen liegen. Der versierte Trockenfliegenfischer kennt die Ursachen dieses Geschehens. Er weiß aber auch, wie schwer vorab Prognosen zu stellen sind. Jeder mit der Fliegenrute in der Hand verbrachte Tag wird anders verlaufen. So kann ein lausig kalter Frosttag einen herrlichen, äschenaktivierenden Schlupf der *Baëtis rhodani* bescheren, während an einem schönen milden Sommerabend das Wasser wie ausgestorben daliegt. Die große Allmutter Natur hat nun einmal ihren eigenen Kopf.

Der entomologisch interessierte Fliegenfischer, und das ist wohl jeder, der seine Passion mit Ernst, Hingabe und Leidenschaft betreibt, wird beim Erscheinen der ersten Ringe sofort die ersten Insekten entdecken und sie zu bestimmen versuchen, um darauf Fliegenwahl und Taktik abzustimmen. Sprünge signalisieren meist Duns oder über das Wasser schwirrende, eiablegende Köcher- und Eintagsfliegenweibchen. Aber auch die in der Luft stehende Schwebfliege, die über Wasser raubende Libelle oder der gemächlich dahinbrummelnde Käfer werden mit einem eleganten Salto aus der Luft weggeputzt. Und bei einem vielfältigen Steigen, weil also z. B. mehrere Insektenarten gleichzeitig schlüpfen und eventuell Eier ablegen, verfallen die Fische oftmals in wahre Freßorgien, und das Wasser beginnt zu brodeln.

Etwas geheimnisvoller geht es zu, wenn Aufsteiger (engl. Emerger) genommen werden. Das sind ‚reife', zum Schlüpfprozeß aufsteigende Nymphen und Larven, die an der Wasseroberfläche ihre Hüllen verlassen und sich zum flugfähigen Insekt entfalten. Dann wölbt sich der Wasserspiegel nur ein wenig, und der Fisch hinterläßt im Abdrehen einen feinen Wirbel. Seltener durchbricht er bei diesem Geschäft mit Rücken oder Schwanzflosse die Oberfläche.

Das große Finale setzt ein, wenn die Spents (nach der Eiablage absterbende und abgestorbene Eintagsfliegenweibchen) mit ausgebreiteten Flügeln den Fluß hinabtreiben. Für diese zarten, zauberhaften Wesen hat sich, nachdem für die Erhaltung der Art gesorgt worden ist, der Kreis geschlossen. Noch einmal locken die todesmatten Insekten die Fische an die Oberfläche, denn in ihrem Lebenscode steht unverrückbar geschrieben, daß sie steigen müssen. Den Fischer aber schlägt der Anblick unzähliger auf dem Wasser zerrinnender Ringe in seinen Bann. Nutzen wir diese Spanne, zum Augenblicke sagend: „... verweile doch, du bist so schön!"

Einführung in die Entomologie oder was man über Insekten wissen sollte

Prolog

Ein Tag im Frühling, ein Tag am Fluß. Schon zu früher Stunde waren Zweig und Halm von glitzernden Eintagsfliegen übersät gewesen. Hunderte, wenn nicht Tausende, schwirrten in der warmen Sonne. Zwischendurch, im Spiel der Lichter und Schatten, Neugeburten aus brauner Larvenhülle oder Verwandlungen aus hoffnungsvollem Zwischenstadium zur leuchtenden, geschlechtsreifen Imago. Die große Danica war am augenfälligsten, aber auch Vulgatas kamen vor, und wie kleine Helikopter schwirrten schön braun gefärbte Siphlonurus-Spinner, mit zwei breitgespreizten Schwanzfäden, unter der Menge. Erste innige Vereinigungen, erstes Sorgen um die Arterhaltung und erstes Sterben. Das ewige Lied des Lebens.

Die Sonne hatte längst den Mittag überschritten und an Kraft verloren. Am Schilfsaum erhoben sich die Völker düstertaumelnder Köcherfliegen. Dazwischen, als helle, freundliche Tupfer, einzelne zierliche Centroptilum-Spinner. Nach und nach verließen auch die letzten rastenden Eintagsfliegen ihre Ruheplätze und mischten sich unter die tanzenden Hochzeiter. Dunkle, immer dichter werdende Wolken schwärmender Insekten woben in der Luft, die tiefstehende Sonne ein wenig verdunkelnd.

Doch das war erst der Beginn eines einzigartigen Naturschauspiels, wie es nur wenige Fliegenfischer erleben. Nachdem die Sonne hinter Berg und Baum versunken war, verdoppelten, verzehnfachten, ja, verhundertfachten sich, wie von einem unsichtbaren Zauberstab berührt und vermehrt, die schwirrenden, schwärmenden Scharen. Aus der Luft, vom Wasser, nein, aus dem Irgendwo entstand ein überirdischer, sirrender Ton, erzeugt von Myriaden schwingender Insektenflügel. Der rot aufgehende Mond, die ersten Sterne verfinsterten sich vor diesem Reigen, der immer rasender, immer frenetischer wurde. Der eigentümliche Klang nahm an Stärke zu und übertönte fast das Fließen des Wassers, das ständig vom Geräusch der wie wahnsinnig springenden Fische unterbrochen wurde.

Der Angler hatte schon längst die Rute innegehalten, denn jeder Schwung und Schwipp hätte unzählige jener zarten Geschöpfe verstümmelt. Seine regungslose Gestalt war umhüllt von einem duftigen Gewand zerbrechlicher, graziler Körper. Andere Fliegen jagten ihm ins Gesicht. Haut und Kleidung waren dicht an dicht bedeckt. Doch er empfand unter dieser Berührung keinerlei Abneigung. Nein, sie kam ihm eher einer Liebkosung gleich. Schon längst konnte er weder Mond noch Sterne sehen. Alles war verdeckt, übersät und vollgestopft mit Eintagsfliegen, bald würde die Luft zum Atmen fehlen ...

Über dem Fluß jedoch war die Hölle los. In die stromauf- und stromabfegenden Insektenwolken sprangen die Fische und holten sich ihren Teil herab. Sie brauchten ja nur mit offenem Rachen in die Luft zu schnellen und sich mit vollem Maul in ihr kühles Element zurückfallen lassen. Alles, Groß und Klein, beteiligte sich mit Hingabe an diesem großen Fressen, niemand kam zu kurz. Die Orgie nahm noch an Ausgelassenheit zu, und immer wilder wurde das Treiben. Die Geräusche wirbelnden Insektentanzes und lautplatschender Äschen und Forellen verstiegen sich zu einem infernalen Crescendo. Das Schauspiel näherte sich dem Höhepunkt.

Mit einem Male wurde alles lichter und stiller. Von einer zur anderen Minute klarte die Luft, verlor sich die Zahl der Fliegen: der Hexensabbat war vorüber. Die Fische schwänzelten satt und stumm in der Tiefe, und der Mond ließ sein mildes Licht über einen flußabtreibenden Teppich toter und sterbender Insekten gleiten. Und über allem lag ein tiefer Duft von frühlingsbunten Blüten, eine Stimmung von Liebe und Leid, von Kommen und Abschied.

Die Eintagsfliegen

Die schönste und auch größte aller Eintagsfliegen, wer will's bezweifeln, ist die Maifliege. Ihr Dasein ist von einem Zauberhauch umwittert. Sie inspirierte und inspiriert noch immer die größte Schar der Flugangler, und sie wurde zum ewigen Born fliegenfischereilicher Philosophie. Ihre augenfällige Erscheinung hat unser Interesse nicht nur an den unzähligen anderen Eintagsfliegenarten geweckt, sondern mit Sicherheit auch an der aquatischen und sonstigen Entomologie. Die Maifliege stellt also die Basis des Trockenfischens wie auch des insektenkundlichen Wissensdranges dar. Leider wird sie heute immer seltener, obwohl uns die Sorge vor der Umweltzerstörung schon lange fast aus jeder Zeitschrift entgegenschreit und immer mehr Leute guten Willens sind, der Vernichtung von Tier und Pflanze entgegenzuwirken.

Was den Menschen an der Eintagsfliege so sehr beeindruckt, ist ihr einmaliger Lebenszyklus. Daß sie als einziges Insekt nach dem Schlüpfen und der Verwandlung zum flugfähigen Insekt zunächst in ein unfruchtbares Zwischen-(Subimago-)Stadium eintritt, ehe sie sich noch einmal zum geschlechtsreifen Spinner (Imago) häutet, ist hinlänglich bekannt. Was den Wissenden aber immer wieder erschüttert, ist die kurze Lebensspanne dieses liebenswerten Wesens, die sich ja in allerlei Zitaten widerspiegelt. Wer das Glück hat, dem eindrucksvollen Hochzeitstanz der großen Maifliege beizuwohnen, der bleibt wortlos und staunend stehen. Geräuschlos, wie aus dem Nichts, sind diese zarten Geschöpfe dem Wasser entstiegen und schwirren, wie pastellfarbene Blüten, dem Ufer zu, um dort noch einmal, als noch farbenprächtigeres Insekt, dem eigenen Körper zu entsteigen. Über den sogenannten Duns (Subimagines) spielen bereits, wie schillernde Illusionen, die Spinner in sattem Farbton. Auf und ab geht der Tanz. Flatternd steil an gen Himmel und ruhig, mit gespreizten Schwingen und Schwanzfäden, wieder hinab. Hundert- und abermal wiederholt sich dieses Ritual. Mit himmelwärts gerichteten Augen fliegen die Männchen unterhalb der Weibchen. Engumschlungene Pärchen enteilen in die warme, nach Jugend und Liebe duftende Maienluft, Geschöpfe der Lust und Hingabe. Ihnen ist die lebenserhaltende Furcht völlig unbekannt. Verräterisch spielen sie auf der Wasseroberfläche oder in der Luft. Daß sie ständig hungrigen Mäulern und Schnäbeln zum Opfer fallen, ficht sie nicht an. Sie haben keine Zeit, den überall lauernden Gefahren auszuweichen: „Heute leben und lieben wir, das Morgen interessiert uns nicht!" Ihre kurze, bizarre Gegenwart erinnert uns vielleicht auch etwas an die eigene begrenzte Frist, und das läßt ein bißchen Wehmut aufkommen.

Doch in diesen Wochen schwärmt nicht allein die Maifliege. Die meisten Eintagsfliegen obliegen der Minne zur Zeit der brechenden Knospen, des samtzarten Grüns. Und auch andere, für den Fliegenfischer wichtige Wasserinsekten schlüpfen jetzt aus engen, platzenden Larvenhäuten. Es findet eine wahre Explosion von Fliegen statt, wenn man diesen Begriff einmal ganz allgemein anwenden darf. Der sich nur am Rande für die Entomologie interessierende Fliegenfischer fühlt sich von der Vielfalt der Formen und Farben erdrückt. In diesen

Einführung in die Entomologie

Wochen ist ein multiples Steigen (multiples Steigen = die Fische gehen gleichzeitig nach mehreren Insektenarten auf) an der Tagesordnung; es sei denn, das Ganze spielt sich an einem kränkelnden Fluß ab, wo nur wenige Arten die Ökokatastrophen überlebt haben.

Gerade die Tatsache des multiplen Steigens weist auf einen der gravierendsten Fehler hin, der bezüglich der Fliegenwahl, ja oft genug des gesamten Fliegensortiments, in dieser Zeit gemacht wird. Ein guter Amateur-Entomologe ist zwar imstande, fast jede Art der schlüpfenden Menge zu bestimmen. Doch diese Fähigkeit verleitet ihn nicht selten zu Fehleinschätzungen, und das besonders, wenn er nebenher noch ein talentierter Fliegenbinder ist. Denn über die Bedeutung der einen oder anderen am Wasser entdeckten Insektenart, deren geniale Nachbildung den Fischen die gewünschte Aufmerksamkeit entlocken soll, entscheidet allein, und das führt zu weiteren Fehlschlüssen, der Zufall.

Langjährige Magenuntersuchungen an zu dieser Zeit gefangenen Fischen haben bewiesen, daß bei einem multiplen Steigen nur ganz wenige Fische echte Nahrungsspezialisten sind. Das bedeutet, daß man mit einem einzigen Fliegenmuster all jene Fische fangen kann, deren Nahrungspalette sich genauso bunt wie das natürliche Insektenangebot gestaltet. In den Tagen dieser vielfältigen Kost ist es also wichtiger, dem Fisch die Fliege richtig zu präsentieren, als sie richtig zu wählen. Deswegen sind gerade jetzt die bewährten Allround- oder Phantasiefliegen die geeignetsten. Wie oft haben es Fliegenfischer schon erlebt, daß sogar die voluminöse Maifliege total abgelehnt wurde, andere, kleinere Arten aber lebhaften Zuspruch fanden. Daraus gelangte man zur folgenden Erkenntnis, die für die Fliegenwahl der kommenden, von der Eintagsfliegenvielfalt nicht mehr so stark geprägten Monate entscheidend ist: Das alltägliche Brot der Fische stellen die Allerweltsfliegen dar, deren Imitationen also wichtig sind! Die Maifliege, und das gilt fast für alle sporadisch auftretenden Arten, ist nur eine zeitlich begrenzte Bereicherung der Speisekarte. Nach dem Motto ‚Was der Bauer nicht kennt, das frißt er nicht' werden sogar vereinzelt auftretende Maifliegen, nur Freund Döbel macht da Ausnahmen, von den Fischen ignoriert. Ein explosionsartiges Schlüpfen und Schwärmen aber, siehe Prolog, bringt sie aus dem Häuschen.

Anders sieht es bei jenen Insektenarten aus, die über lange Wochen und Monate am Fischwasser zu finden sind. Sie zeichnen sich, und hier macht sich schon wieder der Eingriff der Zivilisation bemerkbar, gegen die negativen Umwelteinflüsse durch höhere Widerstandsfä-

Die Eintagsfliegen

higkeit aus. Zu dieser Gruppe zählen in erster Linie die Baetidae und Ephemerellidae. Die Fliegen beider Familien sind ziemlich unempfindlich, und man kann sie mitunter noch an relativ stark belasteten Flußstrecken entdecken. Ihre Schlüpfzeiten erstrecken sich über die gesamte Saison bis in den späten Herbst hinein, und die meisten Baetidae bringen es sogar auf zwei Generationen pro Jahr. Auch schlüpfen all diese Fliegen tagsüber. Deswegen weiß der aufgeklärte Flugangler die ‚Blue Duns' so sehr zu schätzen, die ja über die gesamte Saison einen Großteil der verschiedensten Subimagines abdecken.

In der Liste unserer Vorbilder folgt als nächstes die Familie der Heptageniidae, von der die meisten Arten aber schon in den ersten Frühlingstagen des großen Schwärmens schlüpfen. Keinesfalls aber sollte man die *Rhithrogena*, das Vorbild der berühmten Märzbraunen, vergessen, die auch als Trockenfliege ein Topmuster darstellt.

Der Trockenfischer muß also in der Lage sein, den Fischen all jene Subimago- und Imago-Imitationen anzubieten, die den Insekten entsprechen, die sich zur Zeit und Stunde gerade an der Wasseroberfläche befinden. Dabei dürfen die Nachahmungen der Subimagines ruhig etwas buschiger als die der Imagines ausfallen. Der Fliegenfischer steht ja einer langen, manchmal verwirrenden Reihe traditioneller wie moderner Trockenfliegen von Rang und Namen gegenüber, aus deren Masse er nach eigenem Gutdünken einen Stamm verläßlicher Fliegen auswählen wird, sofern er es nicht vorzieht, selbstentwickelte Muster aus der Taufe zu heben. Außerdem tauchen ständig neue Fliegen, Bindetechniken und Materialien auf.

Indes, man kann es sich relativ einfach machen und seine Trockenen, ungeachtet der Bindeweise, in ein paar Standardgruppen einteilen. Etwa nach der Anleitung, die in Fachkreisen bekannte Fliegenbinder geben. Für Subimagines-Nachbildungen gelten da folgende Richtlinien: große Dunkle, mittelgroße Helle, mittelgroße Olivgraue, mittelgroße Braungraue, kleine Dunkelgraue und kleine Helle. Die Imagines und ihre Imitationen sind nicht so wichtig wie die der Subimagines, da sie in weit geringerer Zahl den Fischen ins Blickfeld geraten. Denn es sind ja nur die befruchteten Weibchen, die in diesem Stadium zur Eiablage ans Wasser zurückkommen. Wobei nicht einmal alle Arten direkt mit der Oberfläche in Berührung geraten. Dem Fliegenfischer genügt hier eine Auswahl kleiner, mittelgroßer und großer Rotbrauner und kleiner bis mittelgroßer Goldbrauner. In welcher Größenordnung sich die Vorstellungen von groß, mittelgroß und klein bewegen, verdeutlicht Abb. 11.

Einführung in die Entomologie

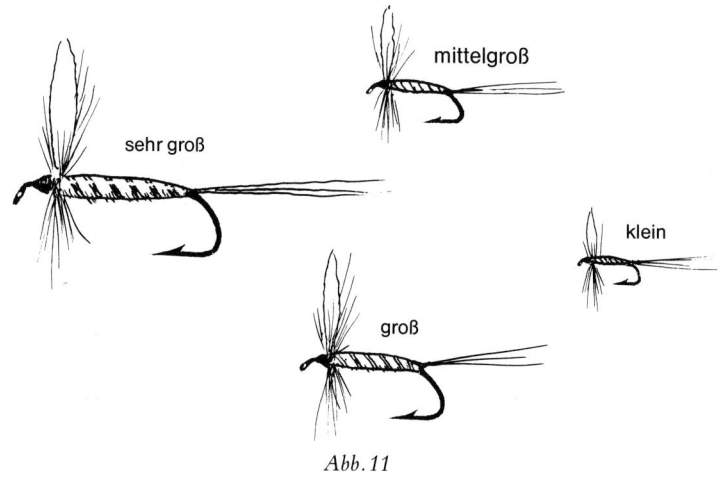

Abb. 11

Beherrscht der Fliegenfischer Leine und Präsentation ohne Fehl, dann ist er, mit solch einem Sortiment in der Dose, bei plötzlich einsetzendem Eintagsfliegenschlupf jeder Situation gewachsen.

Die klassische Trockenfliegenfischerei hatte stets die Eintagsfliege, die Urmutter aller Trockenfliegen, zum Vorbild. Doch schon längst hat sie in der Köcherfliege, der sogenannten Sedge, eine ernstzunehmende Konkurrentin gefunden, und dies nicht nur als Kunstprodukt am Vorfach, sondern auch in natura. Sobald, meist ab Monat Mai, die Köcherfliege auf den Plan tritt, wenden sich die Fische zusehends diesem ganz anders gearteten und geformten Insekt zu. Wen soll's wundern? Ziehen Sie etwa, lieber Leser, eine ausgequetschte Wurstpelle einer prallmundigen Salami vor? Der Vergleich ist berechtigt. Man lege doch einmal eine Eintagsfliege, imaginär oder tatsächlich, unter Lupe oder Mikroskop und betrachte das Objekt: Die Dun (Subimago) besitzt keinerlei Freßorgane und Verdauungstrakte. Ihre Dimensionen werden von Beinen, Flügeln und Schwanzfäden beherrscht, alles kaum sättigender Beikram. Ebenso wenig Nahrhaf-

Tafel 4. 1: Die große Eintagsfliege ist an unseren Gewässern eine der eindrucksvollsten Erscheinungen. 2: Die Köcherfliege (Sedge) ist neben der Eintagsfliege das wichtigste Insekt aquatischer Herkunft. 3: Eine kleine Steinfliege, auch Needle Fly genannt. 4: Eine der mittelgroßen Steinfliegen. 5: Eine große Steinfliege aus der Familie Perlidae (Körperlänge bis 45 mm), deutlich erkennbar an den beiden Schwanzfäden

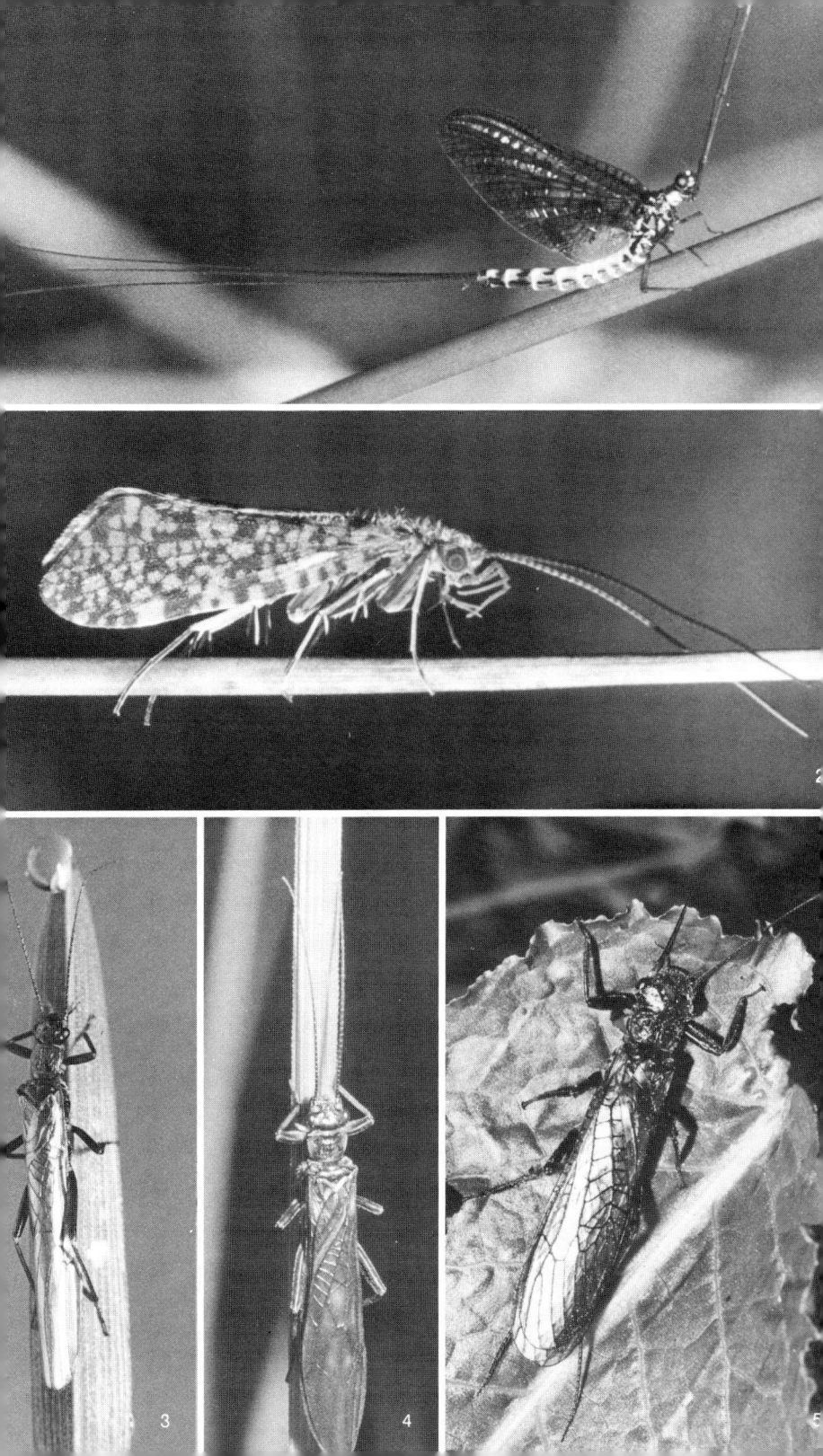

Einführung in die Entomologie

tes, außer dem Eiballen, hat der Spinner (Imago) zu bieten. Und der leblos auf dem Wasser dahintreibende Spent (sterbendes oder abgestorbenes Eintagsfliegenweibchen) ist weiter nichts als eine hohle, ausgemergelte Hülle.

Trotz alledem hat die Eintagsfliege noch nichts von ihrem Flair und ihrer Überzeugungskraft eingebüßt. Generationen von Fliegenfischern werden ihr weiterhin huldigen, ihren Zyklus mit Hingabe studieren und ihre Verwandlungen mit alten und neuen Kreationen würdigen. Und weil kein ernsthafter Trockenfliegenfischer um die Entomologie herumkommt, haben wir, zur Orientierung, einen ‚Insektenschlüssel' angefertigt, der für die Bestimmung unserer wichtigsten Eintagsfliegen gedacht ist (Abb. 12 und 13). Wer sich jedoch eingehender mit diesem Thema befassen will, dem sei das spezielle

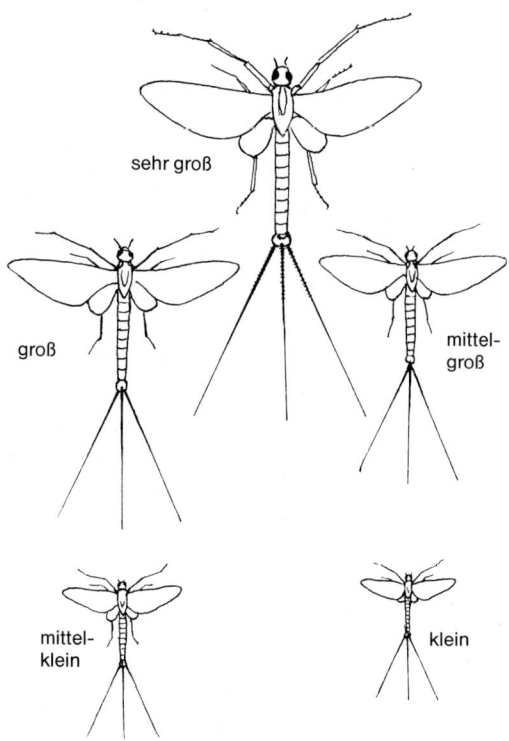

Abb. 12. Die abgebildeten Größen stellen Mittelwerte dar und können durchaus nach oben oder unten leicht abweichen

Gattung	Schwanz-fäden	Flügel-paare	Kostale Projektion	Größe	Flügelrand-äderung (Venation)	Besondere Merkmale der Flügel
Ephemera	3	2	leicht	sehr groß bis groß	–	gefleckt
Ephemerella	3	2	leicht	mittelgroß	–	–
Leptophlebia	3	2	–	mittelgroß	–	–
Paraleptophlebia	3	2	–	mittelgroß bis mittelklein	–	–
Habrophlebia	3	2	ja	mittelklein bis klein	–	–
Caenis	3	1	–	klein bis sehr klein	–	–
Ecdyonurus	2	2	leicht	groß bis mittelgroß	–	–
Rhithrogena	2	2	–	groß bis mittelgroß	–	–
Heptagenia	2	2	–	groß	–	–
Siphlonurus	2	2	–	groß	–	–
Baetis	2	2	ja	mittelgroß bis klein	doppelt	kleine Hinterflügel
Centroptilum	2	2	ja	mittelgroß bis klein	einfach	sehr kleine Hinterflügel
Cloeon	2	1	–	mittelgroß bis klein	einfach	–
Procloeon	2	1	–	mittelgroß bis klein	einfach	–
Epeorus	2	2	leicht	groß bis mittelgroß	–	–

Abb. 13. Insektenschlüssel der Eintagsfliegen

Fachbuch von Jürgen Schrodt ‚Insektenkunde für Fliegenfischer', erschienen im Verlag Paul Parey, Hamburg und Berlin, empfohlen.

Bei Gebrauch des Insektenschlüssels für Eintagsfliegen finden die Begriffe ‚sehr groß, groß, mittelgroß, mittelklein und klein' Anwendung. Als Orientierungshilfe dienen die fünf nebenstehenden Skizzen.

Erläuterungen für den Gebrauch des Insektenschlüssels

Dieser Insektenschlüssel ermöglicht es dem Fliegenfischer, die in unseren Breiten am häufigsten vorkommenden Eintagsfliegen-Gattungen schnell und sicher zu bestimmen. Grundkenntnisse in der Entomologie wären hierbei allerdings von Vorteil. Die Identifizierung läßt sich am leichtesten bei den Subimagines vornehmen, die auch in grö-

Einführung in die Entomologie

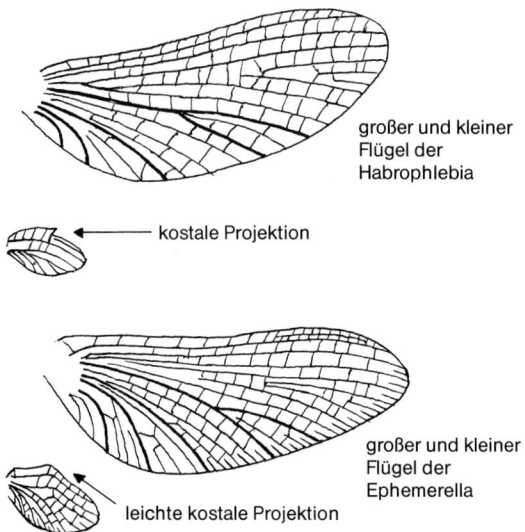

Abb. 14. Regional können mehr oder weniger starke Vorsprünge oder Abflachungen auftreten

ßerer Zahl zu finden und als Fischnahrung viel wesentlicher sind. Ferner sind sie, im Gegensatz zu den geschlechtsreifen Imagines, nicht so lebhaft und weniger gute Flieger. Des weiteren läßt sich bei ihnen, wegen der besseren Durchzeichnung, die Venation (Äderung) der Flügelränder besser studieren. Kommen wir nun zu den einzelnen Merkmalen:

Was ist eine kostale Projektion? Das ist der kleine Vorsprung, den das zweite, kleinere Flügelpaar bei manchen Eintagsfliegen aufweist. Abb. 14 zeigt das deutlich am Beispiel der *Habrophlebia*. Das Gegenstück dazu, leichte kostale Projektion, findet man bei der *Ephemerella*. Diese Feststellungen sind bei der Bestimmung sehr wichtig.

Ein weiteres entscheidendes Merkmal stellt die Randvenation der hinteren Flügelränder dar. Kommen diese kleinen freien, kurzen Adern in doppelter Anzahl vor, dann handelt es sich mit Sicherheit um eine Baetidae. Ist sie einfach, dann hat man es mit einer *Centroptilum*, *Cloeon* oder *Procloeon* zu tun (Abb. 15).

Zur schnellen und sicheren Bestimmung der Eintagsfliegen müssen wir uns folgende fünf Fragen stellen:
1. *Wieviel Schwanzfäden hat das Insekt?* Die jeweilige Antwort teilt alle Fliegen in zwei große Gruppen.

Erläuterungen für den Gebrauch des Insektenschlüssels

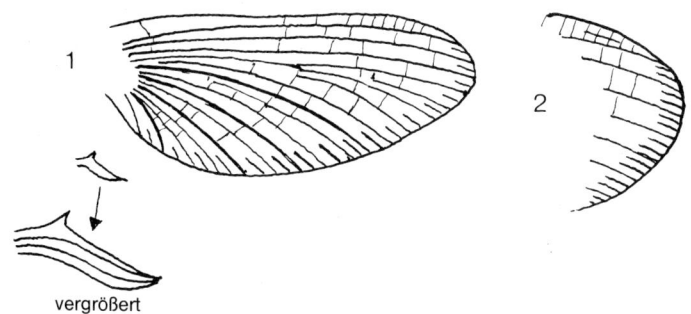

Abb. 15. 1: Centroptilum-Flügel mit einfacher Randvenation; man achte auf den sehr kleinen Hinterflügel mit kostaler Projektion. 2: Flügelausschnitt der *Baetis* mit doppelter Randvenation

2. *Wie groß ist die Fliege?* Als Vorbild gilt die Skizzentafel (Abb. 12).
3. *Sind ein oder zwei Flügelpaare vorhanden?* Hat die Eintagsfliege z. B. drei Schwanzfäden, aber nur ein Flügelpaar und ist sie außerdem noch sehr klein, dann handelt es sich mit Sicherheit um eine *Caenis*. Hat sie nur zwei Schwanzfäden und ebenfalls nur ein Paar Flügel, dann ist es eine *Cloeon* oder *Procloeon*. Man sollte jedoch genau hinschauen, denn z. B. die Hinterflügel der *Centroptilum* sind so winzig und verborgen, daß sie sich nur mit einer guten Lupe entdecken lassen.
4. *Weisen die Hinterflügel (zweites Flügelpaar) eine kostale Projektion auf?* Ist das der Fall und besitzt die Fliege noch drei Schwanzfäden, dann hat man eine *Habrophlebia* vor sich. Sind es zwei Schwanzfäden, handelt es sich um eine *Baetis* oder eine *Centroptilum*.
5. *Hat der Flügel eine Randvenation?* Wenn ja, ist diese ein- oder doppeladrig? Mit dieser Prüfung unterscheidet man die *Baetis*arten von der *Centroptilum, Cloeon* und *Procloeon*. Bei großen Fliegen achte man auch auf die Fleckung der Flügel.

Das Identifikations-Problem ist nun mit Hilfe des Schlüssels gelöst. Ein ernsthafter Entomologe würde sich zwar, da wir ja nur die Insektenfamilie bzw. -gattung bestimmen, mit diesen Ergebnissen nicht zufriedengeben. Dem Fliegenfischer jedoch genügt es, denn er weiß zunächst einmal, was an seinem Gewässer kreucht und fleucht. Wenn er mit einem kleinen Aquariumkescher die eine oder andere Eintagsfliege von der Oberfläche oder aus der Luft fängt und sie unter der Lupe anschaut, wird er seine Umwelt ganz gewiß mit anderen Augen betrachten.

Die Köcherfliegen (Sedges)

Die Köcherfliegen, in der Fachwelt durchweg Sedges genannt, werden, in ihrer künstlichen wie natürlichen Gestalt, für den Fliegenfischer immer wichtiger. Und das nicht nur deswegen, weil sie verunreinigtes Wasser viel besser vertragen als die Eintags- oder die sehr empfindlichen Steinfliegen, auf die wir gleich noch zu sprechen kommen. Nein, sie waren immer schon bedeutsame und heißbegehrte Beute der Fische. Nur waren die Fliegenfischer seit Jahrhunderten von der Schönheit der Eintagsfliegen derart fasziniert, daß sie für andere Insekten kaum ein Auge hatten. So stand die Eintagsfliege bis in unsere Tage beinahe konkurrenzlos da. Das brachte zwangsläufig den Nachteil mit sich, daß die fast alleinige Fixierung auf dieses Insekt einer weitgreifenden Entwicklung der Trockenfischerei im Wege stand. Diese Verhaltensweise drängte die Köcherfliege jahrelang in eine Außenseiterposition.

Selbst heute noch, wo weitblickende Fliegenfischer die Sedge und ihre Nachbildung den Eintagsfliegen teils zur Seite gestellt, teils aber auch noch über sie erhoben haben, orientiert sich die Masse der Trockenfliegen-Puristen blindlings an der Eintagsfliege. Wenn jetzt das Interesse an der Köcherfliege, besonders bei den nachrückenden jüngeren Generationen, ständig zunimmt, dann wird nicht nur ein altes Unrecht ausgeglichen, sondern auch einem der besten Flugangelköder die ihm gebührende Aufmerksamkeit zuteil. Indes, die Fische dachten und benahmen sich schon immer anders, und man muß sich wundern, wieviele Fliegenfischer-Generationen vor den ganz gewiß vorgenommenen Magenuntersuchungen ihre Augen verschlossen haben müssen. Denn da tritt ja der Beweis, damals wie heute, offen zutage. Welcher gestandene Fliegenfischer könnte sich nicht selbst an Beobachtungen erinnern, wo die massenhaft schlüpfenden Eintagsfliegen vollends ignoriert, die dicht über dem Wasser flatternden Sedges von den Fischen aber mit eleganten Salti weggeschnappt wurden.

Köcherfliegen sind in jedem Zustand ihrer Entwicklung ein ersehnter Happen für den Fisch. So richten die Äschen in einigen Flüssen zu gewissen Zeiten ihre ganze Aufmerksamkeit allein auf die in ihren Häuschen eingesponnenen Larven, die sie samt und sonders herunterschlingen. Weil diese sperrigen, von Stein, Muscheln oder Holz behafteten Umhüllungen unverdaubar sind, verursachen sie den Fischen bei der Ausscheidung größte Schwierigkeiten. Die während dieser Periode rosigverquollenen After sind ein Beweis dafür.

Die Köcherfliegen (Sedges)

Die größte Freßaktivität unter den Fischen herrscht jedoch, wenn die Sedgepuppen, gleich winzigen Embryonen, zur Oberfläche schweben. In diesen Phasen ist die Reaktion der Fische stürmisch bis nervös, und die Nahrung wird mit auffälligem Gebaren, auch Sprüngen, zu sich genommen. Wer diese Begebenheiten mit eigenen Augen erlebt, ganz abgesehen von den Erkenntnissen unzähliger Untersuchungen des Mageninhaltes, der wird sich ganz gewiß von den einseitigen Anschauungen der Eintagsfliegen-Dogmatiker lossagen und die Bedeutung der Trichoptera, so die wissenschaftliche Bezeichnung der Köcherfliegen, begriffen haben. Köcherfliegen, Seggen, Trichoptera, Sedges, Caddis, und wie diese Tierchen sonst noch geheißen werden, unterscheiden sich von den Eintagsfliegen wie das gemeine, arbeitsame Volk von einer leicht dekadenten Aristokratie, die nur der Schönheit, der Liebe und dem Untergang lebt. Die Behausungen der Köcherfliegen, vielen Anglern auch als Sprock bekannt, sind wahre Meisterwerke der Baukunst, und eine Sammlung hiervon gehört zu den erbaulichsten Anschauungsstücken, die ein Fliegenfischer besitzen kann.

Die Köcherfliege macht eine vollständige Metamorphose durch. Sie verfügt über zwei Paar funktionelle Flügel, nimmt Nahrung auf und lebt viel länger, und sie ist für die Fische ein saftiger Bissen. Ihr Flug ist unruhiger, schneller und sprunghafter als der der Eintagsfliegen. Die befruchteten Weibchen mancher Arten dringen bis auf den Grund der Gewässer vor, um dort ihre Eier abzulegen. Dies ist ein Vorgang, der sich mehrmals wiederholen kann, und eine Erklärung dafür, warum manchmal die naß gefischte Sedge zu einem der tödlichsten Köder wird.

Köcherfliegen-Imagines sind warme, flaumige Erscheinungen, im Gegensatz zur Eintagsfliege, die einen transparenten und zerbrechlichen Eindruck vermittelt. Gerät dem Fliegenfischer die Sedge beim Präsentieren einmal ins Dreggen, findet dieses vermeintliche Mißgeschick bei den Fischen nicht nur Nachsicht, sondern löst manchmal sogar einen überraschenden Beißeffekt aus.

Die Sippe der Köcherfliegen ist derart zahlreich, man hat in Europa weit mehr als ein halbes Tausend Arten gezählt, daß man sie an jedem Gewässertyp, ob fließend oder stehend, antreffen kann. Darum sollten die entsprechenden Muster zur Standardausrüstung eines jeden Fliegenfischers gehören. Nur muß man beim Selbstbinden gleich berücksichtigen, ob die eine oder andere Fliege bewegungslos oder leicht dreggend angeboten werden soll. Letzteres ist

Einführung in die Entomologie

beim Querab- oder Stromabfischen durch leichtes Bewegen der Rutenspitze möglich. Sind auch die meisten Köcherfliegen Abend- oder Nachttiere, so bleiben doch immer genug Arten übrig, die tagaktiv sind, so daß eine entsprechende Nachbildung zu jeder Stunde die beabsichtigte Wirkung erzielen wird. Die allerbeste Zeit jedoch ist der Abend. Aber für welche Fliege gilt das nicht? Da die meisten Arten von April bis Oktober schlüpfen, bleibt die Sedge, dem Angler wie dem Fisch, vom Frühling bis in den Herbst hinein ein gewohnter Anblick am Wasser.

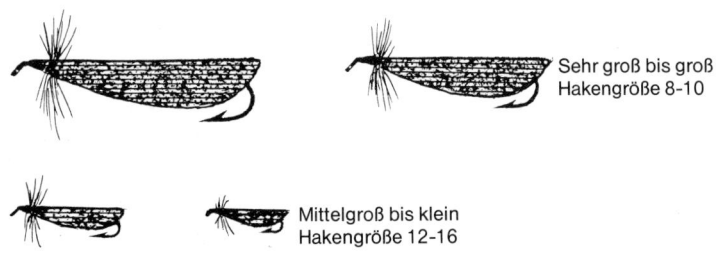

Abb. 16. Größenschema der künstlichen Fliege

In diesem Buch über die verschiedenen Köcherfliegenarten zu schreiben, würde zu weit führen. Viel wichtiger ist das Sortiment, das der Fliegenfischer bei sich haben sollte. Wer sich eine wirkungsvolle Auswahl zusammenbinden will, dem genügen, nach Farbe und Größe eingeteilt, drei Grundmuster, und zwar braune, graue (silberne) und dunkle (schwarze). Auch die Größen lassen sich in drei Typen einteilen: große, mittelgroße und kleine (Abb. 16). Außergewöhnlich große Exemplare findet man nur in den braunen Köcherfliegen (Zimtfarbene) des Spätfrühlings oder Frühherbstes. Graue und dunkle kommen lediglich als mittlere und kleine Exemplare vor.

Jedem Fliegenbinder bleibt es überlassen, die Köcherfliegennachbildungen nach eigenem Ermessen zu gestalten. Dieses Zugeständnis sei allen späteren Erläuterungen vorangeschickt. Dogmatismus, und das gilt ja nicht nur allein fürs Fischen, ist immer ein Zeichen geistiger Unreife, und nichts läge uns ferner, als die eigenen Methoden und Techniken über die der anderen zu erheben. Doch das nur nebenbei. Abschließend zum Thema Köcherfliegen noch ein kleiner Wink aus der goldenen Praxis: Wenn Äsche oder Forelle erstaunlicherweise mal die kleinsten und subtilsten Trockenfliegen ablehnen, dann hilft oftmals nur noch eine Riesensedge Größe 8–10, leicht über das Wasser dreggend...

Die Steinfliegen

Die Steinfliegen (Plecoptera) sind ein Überbleibsel aus grauer Vorzeit. Sie entwickelten sich vor etwa 250 Millionen Jahren, als die Dinosaurier die Erdszene beherrschten und die Vögel sich zu entwickeln begannen. Bis zu den Affen sollte es da noch 200 Millionen Jahre, und bis zu dem ersten echten Menschen, dem Homo erectus, weitere 48 Millionen Jahre dauern. Das ist eine ungeheure Zeitspanne, in der diese Insekten unsere Gewässer bevölkern, und man könnte wirklich ins Philosophieren geraten, wenn einem solch ein Tierchen über den Weg krabbelt. Das ist übrigens zu jeder Jahreszeit möglich.

Steinfliegen sind in allen sauberen Gewässertypen zu finden. Die meisten und für die Flugangelei wichtigsten Arten leben aber in schnellfließenden Bächen und Flüssen mit steinigem oder schottrigem Untergrund. Hier hausen auch die interessanten karnivoren (fleischfressenden) Arten. Alle Steinfliegen schlüpfen pünktlich wie nach einem Chronometer jedes Jahr zur gleichen Zeit.

Zu diesem Zweck krabbeln die im Wasser lebenden Larven ein paar Zentimeter am Ufergeröll oder an Brocken, die im Bachbett lagern, empor, wo die Imagines sogleich den dunkelbraunen, urzeitähnlichen Umhüllungen entkriechen. Geschieht dieser Vorgang auf einem mitten im Wasser liegenden Fels, dann versucht das neugeborene Insekt halb laufend und halb fliegend, aber immer dicht über der Oberfläche, die am nahen Ufer wartenden Partner zu erreichen. Für diesen Ablauf haben die Fische einen ganz bestimmten Blick. Besonders bei den sommerlichen großen *Perla*-Arten löst dieser Prozeß wahre Freßorgien aus, und die armen, unbeholfen daherflatternden Steinfliegen-Riesen können einem richtig leidtun, weil sie den erbarmungslosen Fischmäulern so schutzlos ausgeliefert sind.

Doch die Natur sieht dem Massaker gelassen zu. Wenn der dumme Mensch nicht eingreift, bleiben noch genug Individuen zur Fortpflanzung übrig. Haben die Steinfliegen das rettende Ufer erreicht, sind sie weitgehend ungefährdet. Nach der Begattung kriechen oder fliegen die Weibchen zum Wasser zurück und legen hier, den Hinterleib eintauchend, die befruchteten Eier ab.

Die Steinfliegen sind für den Trockenfischer nicht so bedeutend wie etwa die Eintags- oder Köcherfliegen. Doch es gibt am Wasser wie auch anderswo keine unwichtigen Insekten. Das hat man, der Anstoß kam aus dem weltoffenen Amerika, seit etwa zehn Jahren auch hier eingesehen. Vor allem die guten Steinfliegenlarven-Nach-

Einführung in die Entomologie

bildungen haben eine zahlreiche Anhängerschaft erworben. Bei den älteren Trockenfliegenmustern war eigentlich nur die ‚Yellow Sally', deren Vorbild die Isoperla ist, so recht bekannt. Doch inzwischen ist das Desinteresse in freudige Aufgeschlossenheit und Experimentiereifer umgeschlagen. Wie sehr dieser Stimmungswandel berechtigt ist, weiß jeder, der schon einmal die Reaktion der Fische bei einem Steinfliegenschlupf miterleben konnte.

Die Muster, deren der Trockenfischer bedarf, sind nicht sehr zahlreich. Die Auswahl kann um so leichter getroffen sein, da ein orientierter Fluganger schon im voraus weiß, zu welcher Zeit und Stunde die eine oder andere Art bzw. Form das Tageslicht erblicken wird. Die Imitation der großen Steinfliegen, der ‚Perlas', die in der Abmessung eines Streamers hergestellt wird, ist nur örtlich und zeitweise einsetzbar. Doch wenn ihre Stunde schlägt, vermag ihr keine andere Trockenfliege das Wasser zu reichen. Anders ist es um die mittleren bis kleinen, dunkelgrauen bis schwarzen Muster bestellt, die fast immer dort, wo die Steinfliege vorkommt, einen Trumpf in der Fliegenschachtel bedeuten. Schließlich sollte auch, schon der Tradition wegen, die gute, alte Yellow Sally nicht vergessen werden. Man müßte sie in mittelgroßer bis kleiner Ausführung bei sich haben, denn auch in der Natur gibt es sie in diesen Abmessungen. Über die Größen der künstlichen Steinfliegen informiert die Abb. 17.

Jeder Fliegenfischer sollte sich glücklich schätzen, wenn er in seinem Revier noch Steinfliegen entdeckt, und er sollte alles daransetzen, daß auch seine Söhne sie noch bewundern können. Denn saubere, unverdorbene Gewässer werden einmal das kostbarste Erbe sein, das wir unseren Nachkommen hinterlassen können.

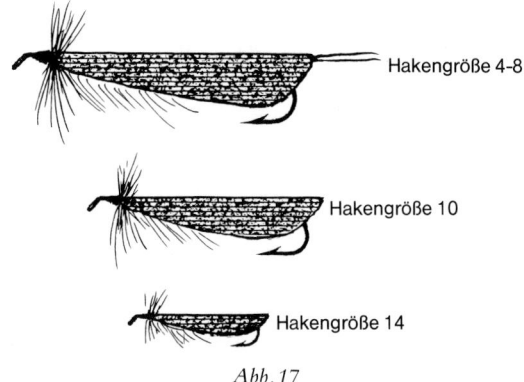

Abb. 17

Die Zweiflügler aquatischer Herkunft

In der modernen Fliegenfischerei rückt die Bedeutung der Zweiflügler (Diptera), die den wassergebundenen Arten angehören, immer mehr ins Blickfeld, und das besonders beim Befischen stehender oder träger Gewässer. Man kann heutzutage behaupten, daß es eigentlich kein Insekt oder Kleinlebewesen gibt, das für die Fliegenfischerei nicht interessant wäre, denn mit Sicherheit findet man es früher oder später in irgendeinem Fischmagen wieder. Werden zwar die Larven wegen der Bequemlichkeit des Aufnehmens und des sehr viel größeren Angebots bevorzugt verspeist, so haben doch auch die Imagines noch einen zu hohen Anteil am Geschehen, als daß der fliegenbindende Trockenfischer ihnen mit Gleichgültigkeit begegnen sollte. Es lohnt sich immer, ein paar der gängigen Trockenmuster parat zu haben.

Dafür kommen in erster Linie die Grundmuster der Schnaken- und Mückennachbildungen in Frage, deren Vorbilder in über tausend verschiedenen Arten die Wasserregionen bevölkern. Eine der auffälligsten Erscheinungen ist die große Bachmücke, die auf den Britischen Inseln auch unter dem lustigen Namen Daddy-Long-Legs bekannt ist.

Der Fliegenfischer ist verwundert, öffnet er eine stattliche Forelle und findet den Magen vollgestopft mit Aberhunderten winziger, 1,5 bis 3 mm langer Kriebelmücken-Imagines. „Wieviel Ringe müssen für solch ein Insektenmenü wohl auf der Wasseroberfläche zerronnen sein?" fragt er sich unwillkürlich, und die Vorstellung von der ‚richtigen Fliege' bekommt auf einmal ganz neue Dimensionen.

Die Landinsekten

Ein Beweis dafür, wie blind und praxisfern sich eine Entwicklung mehr auf philosophischer Ebene als auf reiner Erfahrung bewegen kann, ist die geistige Distanz, die bis in die heutigen Tage die Trockenfliegen-Puristen zu den landgeborenen Kleinlebewesen halten. ‚Terrestrials' nennt der auch im deutschen Sprachraum bekannte amerikanische Autor Charles K. Fox diese Tierchen, und diesen inzwischen international verstandenen Begriff wollen auch wir nicht ganz aus den Augen verlieren.

Einführung in die Entomologie

In fast allen Büchern, die sich mit der Fliegenfischer-Entomologie näher befassen, werden, wenn überhaupt, die Terrestrials ganz am Schluß und dazu noch ziemlich oberflächlich behandelt. Jeder weniger erfahrene Fliegenfischer, der solchen Ausführungen begegnet, muß also annehmen, daß es sich bei diesen Lebewesen um recht unbedeutsame Kreaturen handelt, die nur ganz am Rande sein Interesse verdienen. Wer es sich aber angewöhnt hat, fast jeden Fisch, der für die Tafel bestimmt ist, auf den Mageninhalt zu untersuchen, dem wird es wie Schuppen von den Augen fallen, wenn er manchentags das kunterbunte Sammelsurium von Käfern, Blattwanzen, Heuschrecken, Fliegen, Ameisen, Wespen, Ohrenkneifern, Schnecken etc. unter der mitgeführten Lupe betrachtet. Außer ein paar belanglosen Nymphen nichts als Terrestrials in den Mägen. Und da sollen die Landinsekten und andere Kleinlebewesen unmaßgeblich sein?

Wer sich bisher nur mit der aquatischen Entomologie befaßt hat, dem wird es schwerfallen, all die Terrestrials näher einzuordnen, die er am Ufer, auf dem Wasser und – im Fisch findet. Aber das ist auch gar nicht nötig, denn der Arten und der Formen gibt es ja so viele. Wer sich bemüht, die am meisten verspeisten Tierchen am Bindestock nachzuformen, der hat schon genügend Beschäftigung. Denn das ganze Spektrum abzuklären, mit all den Versuchen am Bindetisch und am Wasser, würde ein ganzes Fliegenfischerleben ausfüllen. Wer's dennoch probieren will, bitte, und das Buch, das diesen Themenkreis ganz speziell behandelt, harrt auch noch seiner Veröffentlichung. Jedenfalls tut sich dem neugierigen, unverdrossen forschenden Fliegenfischer ein ganz neues, herzerfrischendes Experimentierfeld auf, auf dem er ständig neue Anregungen und Einblicke erhalten wird.

Auf einer gesunden, also nicht mit Insektiziden behandelten Wiese herrscht in den Sommermonaten an Halmen und Gräsern, am Boden und in der Luft ein regelrechter Weltstadtverkehr. Das gleiche gilt für anrainende Bäume und Büsche. Wird dieser Raum von einem Bach oder Fluß durchschnitten, dann überdeckt dieses üppige Leben einfach das Wasser. An einem sauberen Gewässer stellt die Wiesen- und Gebüschzone entlang beider Ufer eines der fruchtbarsten Ökosysteme dar. In dieser Zone leben auch sehr viele Terrestrials, und die Wahrscheinlichkeit, daß sie mit dem Wasser in Berührung kommen, ist sehr viel größer, als mancher denkt.

An stark belasteten Flüssen, in denen hochempfindliche Wasserinsekten so gut wie ausgerottet sind, bieten die Landinsekten dem

Fischer wie dem Fisch den notwendigen Ausgleich. Aber diese Feststellung stimmt nur teilweise, denn schon immer waren die Terrestrials eine geschätzte Beute der Flossenträger. Nicht umsonst gilt der Heuschreck bei den Schwarzfischern seit jeher als eine unfehlbare Waffe.

Fliegenfischer, die sehr oft und bei jedem Wetter draußen sind und viel Zeit auf die Beobachtung ihres Fischwassers verwenden, wissen sehr genau, daß die Fische nur darauf lauern, daß ein Unwetter Bach und Fluß über die Ufer treten und die angrenzenden Wiesen und Weiden überfluten läßt. Dann eilt alles, vom Jungforellchen bis zur Urgroßmutter, aus Deckung und Unterschlupf hinaus und frißt sich an den halbertrinkenden Landbewohnern, von der Ameise bis zur Maus, rund und dick. Mit prallen Bäuchen kehren sie in die Strömung zurück, denn an naturbelassenen Gewässern bedeuten solche Ereignisse jedesmal ein Fest. In einer regulierten, begradigten Strecke aber suchen die Fische ängstlich die wenigen Verstecke auf, die in dem schnell ausströmenden Wasser noch verblieben sind. Hungernd und verstört warten sie, bis das Hochwasser wieder fällt und ‚normale‘ Zustände zurückkehren.

Logischerweise verhalten sich Terrestrials anders als jene wassergebundenen Insekten, deren Lebensweise dem Fliegenfischer seit langem vertraut ist. Da es sich um landgeborene Wesen handelt, fällt ein Larvenstadium im Wasser, aus dem sich beißaktivierende Schlüpfprozesse ergeben könnten, fort. Wir und die Fische haben es also nur mit ‚erwachsenen‘, also vollentwickelten Insekten zu tun, und darum sind sie gerade für den Trockenfischer am interessantesten. Sie treiben zunächst an der Oberfläche und werden dann von Strömung und Strudel hinuntergewirbelt. Demzufolge sind die Terrestrials teilweise eine typische Oberflächennahrung. Zwar heben sie sich von der Oberfläche nicht so gut ab wie z. B. eine Eintagsfliege, die wie ein aufgetakeltes Segelschiffchen dahergetrieben kommt, denn da gibt es keine hochstehenden Flügel.

Selten kommen die Landgeborenen in einer so übermäßigen Anzahl vor, daß sie ein starkes Steigen der Fische auszulösen vermögen. Denn ihre Erscheinung auf dem Wasser ist, da sie ja immer auf Unglücksfällen oder Fehlverhalten beruht, weitaus geringer, dafür aber beständiger. Auch weilen die Terrestrials mehr im Verborgenen, und sie leben auch länger. Auf den ersten Blick werden wir immer recht wenige entdecken. Wer aber einmal einen beliebigen Busch recht herzhaft schüttelt, der wird überrascht sein, welch bunte Schar verschiedener Spezies da heruntergepurzelt kommt oder erschrocken von dannen fliegt.

All diesen Kleinlebewesen sind Typus und Qualität eines Gewässers vollkommen gleichgültig. Man kann also zu gewissen Zeiten an einem klaren Bergbach dieselben Arten erwarten wie an einem stark verunreinigten Fluß der Tiefebene. Diese Tatsache hat einen sehr hohen praktischen Wert. Die Aktivitätsphasen der verschiedenen Landinsekten sind über den ganzen Tag verteilt, und deswegen lassen sich auch mit bestimmten Kunstfliegen Fische während dieser ganzen Zeit gut fangen. Bei nachgebundenen Terrestrials handelt es sich meist um Imitationen, die gleich mehrere lebende Vorbilder abdecken. Man denke da nur an die Vielseitigkeit der Palmer und der palmerartig gebundenen Fliegen, die in den Sommermonaten zu Zeiten des Insektenüberangebots an jedem Fliegengewässer geradezu universell zu verwenden sind. Zumal jetzt die meisten Eintagsfliegen geschlüpft sind und sich nur noch die zarten, kleinen Arten, wie die *Caenis*, zu einem kurzen Abendbesuch einfinden.

In dieser Periode niedriger Wasserstände und verflixt vorsichtiger Fische ergeben die Terrestrials bestimmt mehr als nur eine verlegene Alternativlösung. Es gibt Zeiten, da nippen die Fische die Eintagsfliegen mit recht ‚langen Zähnen' von der Oberfläche. Ein auf dem Wasser daherstrampelndes Landinsekt hingegen nehmen sie recht unbekümmert, ja manchmal sogar ganz gierig. Denn bei dieser Beute handelt es sich meist um eine runde, recht wohlschmeckende Abwechslung. Die Eintagsfliege, wir erwähnten es schon, stellt gegenüber einem Terrestrial einen doch ziemlich trockenen Bissen dar, das gilt vor allem für die leblosen Spents. Aber welch eine Fülle und ein Aroma stecken dagegen in einem dicken, knusprigen Käfer oder in einer saftigen Heuschrecke oder würzigen Ameise! Denken wir doch einmal daran, wie gern wir selbst dem Gewohnheitsallerlei einer gar zu einseitigen Küche gelegentlich entfliehen würden.

An einem größeren Gewässer muß der Fliegenfischer meist im Uferbereich mit dem breiteren Angebot notgewasserter Landinsekten rechnen. Denn zur Mitte gelangen nur vom Wind verwehte Ameisen oder irrtümlich gelandete Käfer, Bremsen, Bienen und dergleichen. Deshalb sollten lieber gleich die überschatteten Randregionen abgefischt werden, in denen sich jene kleinen Insektendramen zuhauf abspielen. Unauffällige Würfe und korrekte Fliegenführung sind aber auch hierbei unerläßlich.

Was die Wahl der Fliege betrifft, so wurde schon die Palmer erwähnt. Die Topmuster dieser Tage sind also Rotschwanzpalmer, Hexe und Coch-y-bondhu, die ewig jungen Klassischen in Trockenform. Und fast in jeder Saison kommt der Augenblick, in dem nur noch eine dieser Fliegen den Tag zu retten vermag, denn sie präsentieren die Allroundmuster für unzählige Arten kleiner Landinsekten, vorwiegend Käfer.

Aber diese Spezies machen ja nur einen Bruchteil des sommerlichen Riesenangebots an Terrestrials aus. Wahrscheinlich ist es diese Vielfalt an Formen und Farben gewesen, die die meisten Fliegenbinder früher oder später resignieren und auf die altbewährten Grundmuster, vorwiegend die der Eintagsfliegen, zurückkommen ließ. Die Imitation der Wasserinsekten war nun einmal problemloser. Dem experimentierfreudigen Fliegenfischer aber bietet sich die Möglichkeit, mit Hilfe der heute gebotenen Mittel und Materialien den Weg zur naturnahen Imitation einzuschlagen. Ein Ziel, das hier auf dem Kontinent bislang nur bei der künstlichen Heuschrecke erreicht worden ist. Bei all den anderen Terrestrials sind uns die Amerikaner einen guten Schritt voraus.

Abschließende Betrachtung

Bisher hatte sich der kleine Spaziergang durch die Welt der für den Fliegenfischer so wichtigen Insekten nur auf die anglerische Praxis bezogen. Zum Schluß noch ein paar weitere Gedanken über all diese winzigen Erdgefährten. Die Fruchtbarkeit der Insekten ist enorm, und wenn es keine Fische, Vögel oder ganz bestimmte Säuger gäbe, dann würden sie in wenigen Jahren, trotz aller Insektizide, den Erdball beherrschen. Es ist überhaupt fraglich, wem der ‚Blaue Planet' eigentlich gehört, und noch interessanter, wem er später einmal gehören wird. Uns Menschen wird es hier eines Tages mit Sicherheit nicht mehr geben. Die Wurzeln mächtiger Baumpatriarchen werden Beton und Asphalt sprengen, und unter dem Druck der Wassermassen werden Dämme und Deiche, Ufereinfassungen und Begradigungen unterspült und hinweggefegt worden sein. Denn was bedeuten jetzt noch tausend, hunderttausend oder Millionen Jahre? Eines Tages wird dann das Paradies neu erstanden sein und die Welt befreit aufatmen können. Der von Menschenhand gestörte Lebensrhythmus wird wieder gesundet sein, und die Insekten, diese fruchtbaren Heilsbringer, werden zum Born sich ewig erneuernden Lebens. Überall, auch in den jetzt schon toten und in Zukunft noch sterbenden Strömen, werden die Fische wieder nach Insekten steigen, so, wie wir es heute nur noch an den letzten gesunden Flüssen erleben können. Ein Märchen? Nein, so wird es unweigerlich einmal geschehen. Aber wäre es nicht schön, dabeisein zu dürfen?

Über Fliegen und Fliegenbinder

Die Schar der Fliegenfischer läßt sich grob in zwei Kategorien aufteilen, und zwar in die eine, die ihre Fliegen kauft, und in die andere, die nur mit selbstgebundenen Fliegen fischt. Die Zahl der Selbstbinder wächst zwar von Jahr zu Jahr, gegen die Konsumenten konfektionierter Ware jedoch ist ihr Fähnlein in der Minderheit. Und wie es aussieht, wird dieses Verhältnis auch in Zukunft bestehen bleiben. Die Ursachen sind zu mannigfaltig, um hierauf näher einzugehen. Aber es lohnt sich, einmal die verschiedenen Gruppen von Fliegenbindern unter die Lupe zu nehmen. Denn da gibt es Leute, die vom Fliegenfischen zwar keinen blassen Schimmer haben, aber dennoch manchmal recht gute Fliegen herstellen. Hierbei handelt es sich hauptsächlich um Profis, nicht selten um Inhaber, Leiter oder Angestellte von Firmen mit einstmals renommierten Namen in zweiter, dritter oder noch späterer Generation.

Jedoch nicht selten werden auch unter eben diesen großen Firmennamen Produkte preisgünstig im Fernen Osten hergestellt und auf den Markt gebracht. Da darf uns die Schar fliegenbindender Individualisten und Newcomer, in der Regel alles selber glühend begeisterte Fliegenfischer, schon lieber sein. Doch dem weniger Versierten wird es schwerfallen, in diesem Genre zu differenzieren, geschweige denn eine gute Trockenfliege von einer schlechten zu trennen. Erst am Wasser, wenn ihm diese Kunsttierchen hoffnungslos absaufen, dämmert der Mißgriff.

Der Fachmann wird zunächst die Behechelung einer genauesten Prüfung unterziehen, denn sie ist ja schließlich für das Schwimmverhalten einer Trockenfliege verantwortlich. Hier ist es äußerst vorteilhaft, selbst einmal in die Werkstatt eines professionellen Fliegenbinders hineinzuschauen und sich von der Qualität des verarbeiteten Materials bzw. des Hahnenskalpes zu überzeugen. Dies ist eben nur dort möglich, wo der Inhaber selber am Bindestock sitzt.

Nicht selten kommt zu diesen Bindern irgendein Fliegenfischer mit ganz bestimmten Vorstellungen und Ideen und verlangt genau diese eine und keine andere Fliege von ihnen. Die Annalen des Flie-

Tafel 5. 1: Wickham's Fancy. 2: Parachute Marchbrown. 3: Solomon's Hairwing. 4: Grey Fox Variant. 5: Red Tag. 6: Spent. 7: Schwarze Ameise. 8: Palmer

Tafel 6. 1: No Hackle Dun. 2: Balsa Caterpillar. 3: Turky Quill Caterpillar. 4: Yellow Sally. 5: Große und kleine Steinfliege. 6: Sedge. 7: Skater. 8: Parker's Visible

genfischens, besonders in den angelsächsischen Ländern, sind voll solcher Ereignisse, von denen das kennzeichnendste wohl im Jahre 1854 geschah. Denn da betrat eines Tages ein gewisser Canon William Greenwell die Hütte des großen schottischen Fliegenbinders James Wright, am Ufer des berühmten Tweed gelegen, und verlangte eine ganz bestimmte Fliege gebunden zu bekommen. Um diese Fliege ranken sich die Legenden bis in unsere Tage. Damals aber wurde die bekannte Greenwell's Glory geboren, ganz sicher eine Naßfliege. Als Trockenfliege ist sie aber noch heute aus keiner Dose eines ernsthaften Fliegenfischers wegzudenken.

Es ist schade, wenn es der Fliegenfischer nicht versteht, seine Fliegen selbst zu binden. Zumindest sollte er wissen, wie dies vonstatten geht. Denn niemand wird bestreiten, daß es, wenn einmal die notwendigen Handgriffe gelernt sind, höchst einfach ist, eine gebrauchsfähige Fliege selber herzustellen. Die Phantasie kennt ja keine Grenzen. Und wo gäbe es wohl mehr Anregungen als da draußen in der freien Natur, wo die Vorbilder unseres Schaffens in vielfältiger Gestalt und Form zu finden sind.

Ist der Fliegenfischer voller Inspirationen heimgekehrt zum häuslichen Bindetisch, feiert der Genius manchmal wahre Orgien. Geht dabei die Vorstellung mit dem Passionierten durch, macht das nichts, sind doch die sogenannten Phantasiefliegen, die gleich mehrere Insektenformen abdecken, nicht selten die fängigsten. Man denke nur an die berühmte Wickham's Fancy. Indes, der an der Entomologie orientierte Praktiker wird versuchen, den Zuschnitt seiner Muster den natürlichen Insekten anzupassen. Der heutige Trend geht eindeutig in diese Richtung.

Als Beispiel kann man das langsame Sterben der klassischen Lachsfliegenmuster anführen. Sie sind so phantastisch, kompliziert und aufwendig gebunden, daß einem das Herz bräche, rissen sie an einem Hindernis oder, noch schlimmer, in einem Lachsmaul ab. Ganz zu schweigen davon, daß sie ein kleines Vermögen kosten. Also wird heute, sieht man von der Schar Traditionsbewußter ab, z. B. mit Röhrchenfliegen gefischt, die gegenüber den alten Prachtmustern wie eine Beleidigung wirken müssen. Jedoch sie fangen nicht schlechter als ihre noblen Vorgänger.

Noch einen Schritt weiter ging der Amerikaner Lee Wulff, der dem königlichen Fisch die Trockenfliege anbot. Auch sie wurde angenommen. Übrigens schwimmt Europa, was auch alle übrigen Fliegen angeht, schon lange im Fahrwasser der Neuen Welt. Amerika, bekannt für viel Sinn fürs Praktische, hat Fortschritte erzielt und ist zur Zeit, was die Produktion, Entwicklung, Technik und das Wissen betrifft, zweifelsohne das Weltzentrum des Fliegenfischens.

Die künstliche Fliege ist, das wurde schon einmal erwähnt, der relativ billigste, aber auch der ganz bestimmt wichtigste Teil unserer Ausrüstung. Nur Fliegenfischer, die ihre Fliegen selbst zu binden wissen, sind auch imstande, jede Fliege aus der Perspektive des Experten zu beurteilen. So etwa die Güte der verwendeten Materialien, die Proportionen und die Bindeweise an sich. Solche Fliegen brauchen gar nicht ‚bildschön' zu sein und wie ein Husar in vorschriftsmäßiger Haltung auf dem Wasser dahinzureiten. Demgegenüber sind sie für verschiedene Belastungsproben gut und fangen, obwohl sie im Prinzip einfach gebunden sind, eine Menge Fische.

Mit der wachsenden Zahl von Fliegenfischern entwickeln sich auch die Techniken des Fliegenbindens schneller. Immer neue Materialien kommen hinzu, und weitere Binde- und Imitationsbegriffe werden aus der Taufe gehoben. Man spricht bereits von neuen Stilrichtungen und aus Anglerphilosophie entstandenen Imitationszugängen. Wie immer, wenn ungezählte Menschen mitmachen, gibt es auch hier Einzelgänger, die schon wieder alles unnötig komplizieren und übertreiben. Auch die Geheimniskrämerei nimmt manchmal so sehr überhand, daß sich der draußen von Wind und Wetter gegerbte alte Fuchs von all diesen Auswüchsen peinlich berührt abwendet und sich die Frage stellt, was dies alles der goldenen Praxis wohl nütze. Bei Licht betrachtet, entpuppen sich derartige Eiferer, die am Bindestock Exzesse feiern, am Fischwasser jedoch oft als Versager. Nehmen wir's leicht; auch sie gehören nun einmal dazu. Glücklicherweise gibt es in der Fliegenfischerszene genug nette Fischer, die aus ihrem Herzen keine Mördergrube machen, sondern dem Adepten gern und kameradschaftlich unter die Arme greifen und ihn in die Kunst des Fliegenbindens einweihen. Dann lernt der Neuling eine andere, nicht weniger faszinierende Seite des Fliegenfischens kennen, nämlich die Lust und Freude am Selberbinden.

Das war allerdings nicht immer so einfach. Es gab Jahrhunderte, in denen das Fischen nur bevorzugten Ständen erlaubt war, und zwar allein mit der künstlichen Fliege. Die Zusammensetzung der einen oder anderen Fliege gehörte zu den streng gehüteten Geheimnissen mancher Häuser und Klöster. Allerdings gab es damals noch nicht diese Vielfalt von Formen und Materialien, und die Bindekunst war, aus heutiger Sicht, recht grob und einfach. Es existierte auch nicht ein

Bruchteil der Muster, wie sie heute den Markt überschwemmen, so daß es manchmal scheint, als ob die Natur für all die Fliegenbinder noch viel zu wenige Insekten erschaffen habe. Krampfhaft versucht deshalb das menschliche Hirn dieses himmlische Versäumnis mit immer neuen Kreationen wettzumachen. So kann man dieser Tage getrost behaupten, daß es neben der natürlichen auch eine künstliche Entomologie gibt. Unter dieser Entwicklung muß der zeitgenössische Fliegenbinder, im Vergleich mit seinen Kollegen vergangener Jahrhunderte, viel mehr wissen und sich ständig bemühen, über Neuheiten, Techniken und Werkzeuge auf dem laufenden zu bleiben.

Heutzutage darf ohne Übertreibung von einer ‚Wissenschaft des Fliegenbindens' gesprochen werden, deren Lehren in die verschiedensten Richtungen weisen. Der Fachmann, der die eine oder andere Fliege in die Hand bekommt, sieht schon auf den ersten Blick, welcher Schule sie entstammt. Er weiß vor allem, was sie imitieren soll und – kann ... Aber es wird, wie oft unter Gelehrten üblich, der Verfechter der einen oder anderen Theorie verspottet, angegriffen oder abgelehnt. Die Geschichte des Flugangelns ist reich an derartigen Vorkommnissen, man denke nur an das eisige Verhältnis zwischen Skues und Halford. Nun, die Fliegenfischerwelt wird daran nicht zugrunde gehen. Alle werden überleben, die gestrengen Vertreter der genauen Nachbildung wie die sorglosen Jünger der oberflächlichen Impression. Denn die Fische sehen die Dinge, sprich Fliegen, in der Regel weitaus großzügiger an als ihre Kontrahenten.

Dennoch ist die Frage berechtigt, wer sich mit einer Fliege wohl eher fangen läßt: Der Fischer oder der Fisch? Denn je geheimnisvoller eine Fliege gehandelt und behandelt wird, um so schneller geht ihr der Angler auf den Leim. Rechnete man einmal aus, wieviele Fliegen Jahr für Jahr weltweit verkauft werden, und brächte diese Menge in ein Verhältnis zu den wirklich damit gehakten Fischen, dann würde deutlich, daß es überwiegend die Fliegenfischer sind, die an den Haken dieser kleinen, verführerischen Wunderwerke hängenbleiben.

Es ist überhaupt manchmal sehr interessant zu beobachten, wie sich die verschiedensten Interessenten beim Fliegenkauf verhalten. Der Anfänger glaubt und kauft alles. Wer sich für erfahrener hält, prahlt nicht selten mit seinem immensen Wissen und versteigt sich manchmal dazu, jede Fliege, die ihm über den Ladentisch gereicht wird, unter der Lupe zu begutachten, was selbstverständlich nicht ohne Kommentare abgeht. Es fragt sich, wer von beiden sich törichter verhält. Sollte letzterer etwa nicht wissen, daß gerade die von unzähligen Bissen zerzauste und zerrupfte Veteranin weitaus fängiger ist als das soeben der Fliegendose neu entnommene, tadellos gebundene Muster?

Die Auswahl der Fliegen wird besser nach dem Wasser getroffen, das befischt werden soll. Ist eine winzige Mücke für die ruhige Oberfläche eines Karstflusses gerade die richtige, verlangt andererseits das tobende, gischtsprühende Wasser einer Gebirgsklamm ein möglichst dichtbehecheltes Muster. Aufbau und Abmessung einer Fliege müssen sich jedoch nicht nur nach der momentanen Gewässerregion, Wetterlage und Beißzeit richten, sondern vor allem auch nach dem individuellen Charakter des Flusses oder Baches. Entscheiden wir uns auf jeden Fall für die Trockenfliege! Ein Streamer kann attraktiv und schön sein, eine Naßfliege sehr fängig und eine Nymphe sehr naturnahe. Die Trockenfliege jedoch ist und bleibt die unbestrittene Königin des Fliegenfischens, ganz gleich, aus welchem Stoff sie geformt ist.

Sie hat, im Vergleich zu ihren unter Wasser gefischten Schwestern, die nicht ganz leichte Aufgabe, auf der Oberfläche schwimmen zu müssen, und dies so lange und anhaltend wie eben nur möglich. Sollte sie schließlich doch untergehen, muß die Schwimmfähigkeit mit wenigen scharfen Luftwürfen wieder herzustellen sein. Trockenfliegen, die diesen Forderungen nicht entsprechen, sind unbrauchbar. Für die mehr oder weniger zufriedenstellenden Eigenschaften einer Trockenfliege ist der Fliegenbinder ganz allein verantwortlich, denn er trifft die Auswahl unter den Materialien, die mitentscheiden, ob und wie lange die Trockenfliege vom Wasser getragen wird.

Neben dem Gewicht des Hakens ist bei den heute verwendeten Materialien die Hechel zwar nicht mehr allein für die Tragfähigkeit ausschlaggebend. Doch sie ist noch immer das A und O einer guten Trockenfliege. Ausnahme: die No-Hackle-Flies. Somit kann das Aussehen einer Trockenfliege sehr verschieden sein. Es gibt sie mit Hechel und ohne Flügel oder umgekehrt. Eintagsfliegen imitierende Muster haben meist Schwanzfäden, andere wieder keine. Nach diesen simplen Feststellungen lassen sich alle Trockenfliegen, mag das anfangs auch noch ein bißchen verwirrend erscheinen, systematisch einordnen (Abb. 18).

Für eine hervorragend gut schwimmende Trockenfliege müssen dem Fliegenbinder also ganz bestimmte Materialien zur Verfügung stehen. In erster Linie denkt man da an die Hechel. Damit sind wir bei einem ganz speziellen Bereich des Fliegenbindens angelangt, denn die

Hecheln bzw. die Hahnenskalps, die nur der Fachmann nach Qualität, Coleur und Ursprung einzuordnen vermag, stehen seit eh und je im Mittelpunkt fliegenbinderischen Interesses. Beim Fachhändler aufgereiht, wecken sie sofort die Aufmerksamkeit eines jeden Kenners. Erblickt er sie aber am noch lebenden Objekt, dann fliegen dem auf dem Mist thronenden Prachthahn, der über Hof und Harem seinen herrischen Ruf hinauskräht, angesichts der geschauten Herrlichkeit nur allzu leicht Mordgedanken zu. Klopfenden Herzens liebkost der Bindebesessene mit den Augen die in der Sonne funkelnde und glänzende Halskrause des stolzgeschwellten Ritters, und nicht selten wird in solchen Fällen ein sich anschließender Handel mit dem Bauern folgen, der über das Schicksal des armen Gockels entscheidet. Denn wenn auch die Skalps der großen, namhaften Züchter von hervorragender Güte sein können, weiß der Bindefuchs doch ganz genau, daß die Kragen bestimmter Haushähne, die unter natürlichen Bedingungen auf einem Bauernhof aufgewachsen sind und im besten Mannesalter zwischen zwei und drei Jahren stehen, auch mit den bestechendsten Zuchtergebnissen konkurrieren können. Ihre Hecheln sind zwar nicht so superlang. Auch haben sie mehr Flaum. Doch jede Feder ist von einem Glanz, als sei sie mit bestem Firnis lackiert, und ihre Fibern sind von einer so stählernen Elastizität, daß sie niemals knicken. Diese Hechelfedern, die es der Trockenfliege ermöglichen, beliebig lange auf der Oberfläche zu schwimmen, sind einfach phantastisch und mit nichts, was der Markt bietet, zu vergleichen.

Nicht jeder Fliegenfischer weiß, daß nur die Winterhecheln brauchbar sind. Hierin liegt eines der größten Probleme. Nach altem Naturgesetz sind die männlichen Vertreter stets in der Überzahl, und bei unseren Haushähnen ist das nicht anders. Und so schlachtet man alles, was einen Kamm treibt. Nur ein paar wenige Hähne werden für die Weiterzucht begnadigt. Diese verkauft der Bauer nur, wenn der Fliegenbinder Überpreise bezahlt. Bei der Auswahl aber bitte aufgepaßt!

Nicht jeder Hahn hat Top-Format, denn meistens sind sie für unsere Absichten und Zwecke noch zu jung. Man muß den richtigen Zeitpunkt abwarten und sie vor der Frühjahrsschlachtung retten, wenn man wenigstens Durchschnittsqualität bekommen will. Im Idealfall läßt sich der Landmann dazu überreden, den Vogel auf Kosten des Fliegenbinders bis zum nächsten Winter durchzufüttern. Denn die Skalps, die im Handel zu bekommen sind, stammen meist von zu früh geschlachteten Hähnen. Auch die teuren von renommierten Züchtern machen da kaum eine Ausnahme. Nur sind deren Träger mit diversen Präparaten hochgepäppelt und im Wachstum beschleunigt worden. Wen wundert's da, wenn so mancher Fliegenbinder von einer eigenen Zucht träumt.

Mit den anderen Bindematerialien steht es bedeutend günstiger. Man bekommt heutzutage im Fachhandel fast jede verlangte Feder. Entsprechendes gilt u. a. auch für Pelze und Haare, von den Dingen synthetischer Herkunft ganz zu schweigen.

Beim Thema Fliegenhaken wird die Sache schon wieder ein bißchen brenzliger, besonders wenn ganz bestimmte Seriennummern gewünscht werden, wie sie z. B. bekannte Fliegenbinder oder Fachautoren empfohlen haben. Da erscheint der Markt manchmal wie leergefegt. Denn die Zahl der Selbstbinder wächst mit dem Umsatz der Profis. So kommt es leicht vor, daß der Fliegenbinder, der es auf einen bestimmten Hakentyp abgesehen hat, vergebens anklopft. Es erscheint bisweilen nachteilig, daß nur ein paar wenige Firmen den Markt beherrschen. Deshalb ist es eigentlich verwunderlich, daß sich angesichts der im deutschen Sprachraum gegebenen industriellen Möglichkeiten und Fähigkeiten noch keine eigene Angelhaken-Industrie entwickelt hat.

Ein guter Trockenfliegenhaken ist dünndrähtig und aus hochwertigem Stahl gefertigt. Gerät er zu hart, bricht er beim ersten Anhieb ab, und der Fliegenfischer ist meist erstaunt über die nun folgende Serie von ‚Fehlbissen'. Von diesen Schwächen, jeder routinierte Fliegenfischer blickt da schon auf einschlägige Erfahrungen zurück, sind manchmal auch die Produkte renommierter Firmen nicht ausgenommen. In solchem Falle hilft nur eine Reklamation, andernfalls ist die ganze Schachtel wegzuwerfen. Wegen dieser Gefahr sollte der Fliegenfischer auch niemals den Inhalt mehrerer Hakenschachteln zusammenschütten.

Ein anderer Fehler bei Haken kann in zu weichem Stahl liegen, der zum Aufbiegen neigt. Hiervon sind besonders die langschenkligen Haken betroffen. Eine Nagelprobe, gleich beim Erwerb vorgenommen, bewahrt in den meisten Fällen vor unliebsamen Überraschungen.

Fliegenhaken verdienen wegen ihrer großen Bedeutung für den Fangerfolg unser besonderes Augenmerk. Es würde hier aber zu weit gehen, sich allzu sehr in Einzelheiten zu verlieren. Es wird empfohlen, die Kataloge, Informationsblätter und Veröffentlichungen maßgeblicher Firmen und Autoren genauestens zu studieren, denn ob der

Fisch letzten Endes sicher ‚sitzt', das hängt vor allem von der Beschaffenheit des Hakens ab.

Im Laufe der Zeit sammeln sich in der Bindeecke des Fliegenfischers gewiß einige Schätze an, auf die er stolz ist. Und dennoch geht die Suche immer weiter. So beschränkt sich der Binder nicht allein auf herkömmliche Materialien, sondern schärft sein Auge auch für das Erkennen außergewöhnlicher Dinge, wie etwa die Tisch- und Fensterdekoration oder, im Extremfall, sogar für den Pelzmantel seiner Frau. Es gibt für den Vollblut-Fliegenbinder wohl kaum etwas, was nicht abschätzend und kritisch auf seine Verwendbarkeit beim Fliegenbinden geprüft wird. Und gerade unter diesem ständigen Trachten, Forschen, Sinnieren und Erproben sind all jene neuen Muster und Stilrichtungen geschaffen worden. Aber während der ständigen Jagd auf Novitäten sollten um Himmelswillen nicht unsere ‚natürlichen Materiallieferanten' außer acht gelassen werden. Die Bekanntschaft mit Jägern oder Forstbeamten, als möglicherweise wohlmeinenden Überbringern von Haaren und Federn freilebender Tiere, kann von höchstem Wert sein. Denn jene Substanzen, die die Natur geschaffen hat, sind zwar etwas schwieriger zu verarbeiten, jedoch den künstlichen Stoffen meist haushoch überlegen. Fliegen, aus natürlichen Materialien gebunden, haben einen ganz besonderen Charme: Sie strahlen Wärme, Erdnähe und mehr Glaubwürdigkeit aus.

Irgendwo im Hause wird sich der Fliegenbinder ein stillen Plätzchen eingerichtet haben, wo er ungestört vor sich hinwerkeln kann. Wieviel Freude und Entspannung in dieser Tätigkeit liegt, kann ein Außenstehender kaum begreifen. In all den Vorbereitungen und Handgriffen steckt etwas vom uralten Jäger- und Fischerzauber, und eine Art Adventsstimmung kommt auf, bereitet man sich unter geheimnisvollen Beschwörungen und mit mehr oder weniger großen Hoffnungen auf die kommenden Stunden am Fischwasser vor.

Allerdings hängt der Erfolg der Schöpfungen nicht allein von Glück, Material oder Geschicklichkeit ab. Einen ganz entscheidenden Einfluß hat auch das verwendete Werkzeug. Wichtigstes Utensil einer Fliegenbinderwerkstatt ist der Bindestock. Seine Backen sollten widerstandsfähig und aus bestem Stahl sein, so daß auch der feinste Haken sicher gehalten wird. Hier darf auf keinen Fall am falschen Ende gespart werden.

Auch die Hechelklemmen sind ein Kapitel für sich. Sie müssen den ‚festen Biß' haben und dürfen das Material im entscheidenden Moment nicht verlieren. Beim anderen Zubehör sind die Anforderungen

Tafel 7. Stille Stunden am häuslichen Bindestock bergen die Vorfreude auf den nächsten Fischertag

schon weniger streng. Nur sollten durch die Spulenhalter Garn und Seide weder anrauhen noch zerreißen. Abgesehen von einer haarscharfen Schere, dem Whip Finisher und der Dubbingnadel entspricht die übrige Gerätschaft wohl mehr der Liebhaberei als der Notwendigkeit. Wem es Freude bereitet, der kann sich heute für jeden nur erdenklichen Handgriff das hierfür vorgesehene Werkzeug zulegen.

Ganz gleich, aus welchem Blickwinkel man die Kunst des Fliegenbindens zu betrachten gedenkt, sie birgt immer einen hohen geistigen und körperlichen Anspruch in sich. Der Fliegenbinder erkennt im Laufe der Jahre ganz gewiß, ob unter seinen Händen nur Durchschnittliches oder etwas ganz Besonderes entsteht, das schließlich auch die Aufmerksamkeit der Experten auf ihn lenken wird. Solche außergewöhnlichen Fliegen werden nur in einer Sternstunde geboren, und nicht jedem ist das Glück vergönnt, daß ein bestimmtes Muster, nachdem es in der Fliegenfischerszene Furore gemacht hat, einmal seinen Namen tragen wird. Denn viel zuviele Fliegen werden manchmal lauthals angepriesen, bevor sie überhaupt am Fischwasser ausreichend getestet worden sind. Ein verantwortungsbewußter Fliegenbinder wird sie mindestens, nicht selten mit Hilfe seiner Freunde, zwei Jahre lang erproben, bevor er damit an die Öffentlichkeit tritt. Nur so läßt sich das Angebot mancher spektakulären Muster eindämmen, die hin und wieder auftauchen, um dann sang- und klanglos in der Versenkung zu verschwinden.

Erläuterungen zur Einordnung künstlicher Fliegen nach Professor Korošec

Um sich in dem schier unübersehbaren Angebot künstlicher Fliegen, respektive Trockenfliegen, zurechtzufinden, sollte man sie, völlig unabhängig von der wissenschaftlichen Einordnung, allein nach ihren spezifischen Merkmalen aufteilen. Nach dem System, das die Graphik auf S. 90 zeigt, läßt sich jede Fliege einfach und logisch einer von 16 Gruppen zuordnen. Dabei ist das entscheidende Kriterium nicht die Ähnlichkeit mit dem einen oder anderen Insekt, sondern der Aufbau und die Zusammensetzung der einzelnen Fliege. Zu prüfen ist also, ob sie behechelt, geflügelt oder mit einem Schwanz versehen ist oder ob das eine oder andere Merkmal fehlt.

Die Einordnung ist, wie aus der folgenden Graphik ersichtlich, nach einem binären System aufgestellt. Das heißt: Entweder hat die Fliege ein Merkmal, oder es fehlt ihr. Die Zuordnung geht zunächst von der Beantwortung dreier Fragen aus, die nach dem Vorhandensein von Hecheln, Flügeln und Schwänzen gestellt werden, wobei die Ziffer 1 für ein Ja, die Ziffer 2 für ein Nein steht. So ergibt sich zum Beispiel für eine ungeflügelte Hechelfliege mit Schwanz die Ziffernreihenfolge 1.2.1. Die Einordnung ist abgeschlossen, wenn die Frage, ob sich die Fliege schwimmend (ja = 1) oder sinkend (ja = 2) darstellt, geklärt ist. Somit müßte die eben erwähnte ungeflügelte Hechelfliege mit Schwanz, die aufgrund der verarbeiteten Materialien als Trockenfliege erkannt wird, mit der Ziffernfolge 1.2.1.1. belegt werden. Bei der wörtlichen Aufschlüsselung geht man in umgekehrter Ziffernfolge vor.

Nachdem der Leser in die Lage versetzt worden ist, alle Fliegen, die es gibt, in sechzehn verschiedene Gruppen einzuordnen, wollen wir uns einmal die für uns besonders interessanten acht verschiedenen Trockenfliegengruppen etwas näher ansehen. Wir haben dafür eine ganz bestimmte Auswahl getroffen, die gleichzeitig auch gut als Grund- oder, wenn man so will, als Allroundausstattung dienen könnte. Hier wird davon ausgegangen, daß der Leser Kenntnisse vom Fliegenbinden hat.

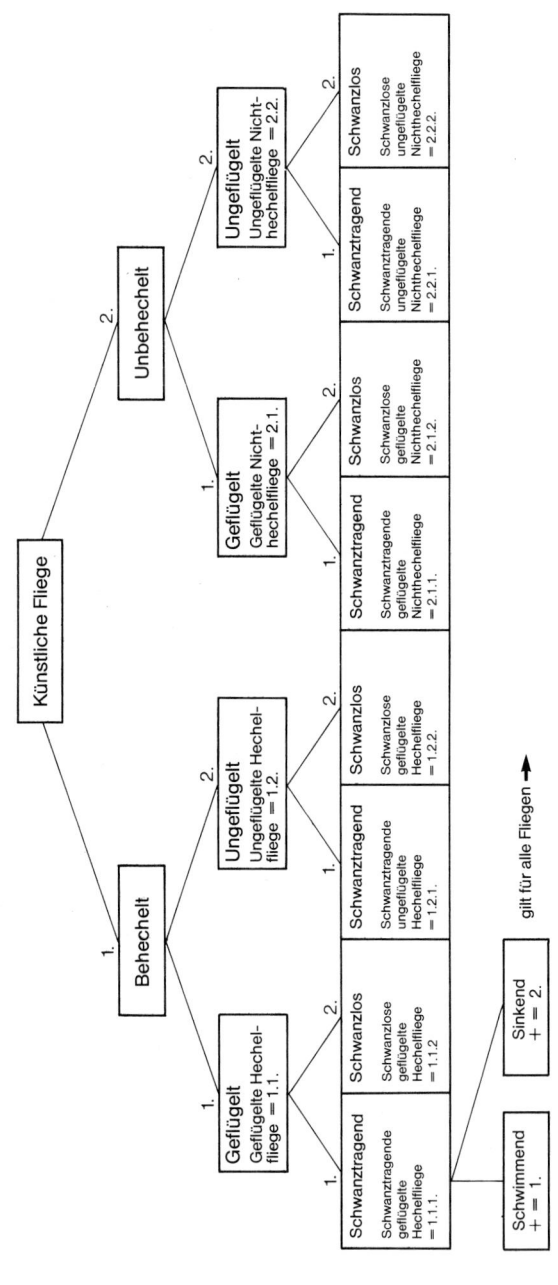

Abb. 18. Die Einordnung künstlicher Fliegen nach Prof. Dr. T. Korošec, Universität Ljubljana

1. Gruppe = 1.1.1.1 Schwimmende, schwanztragende, geflügelte Hechelfliegen

Die Fliegen dieser Gruppe sind vor allem dem Aussehen verschiedener Eintagsfliegenarten und -stadien, z. B. Dun, Spinner oder Spent, nachempfunden. Die Flügel können verschiedene Positionen innehaben. Entweder stehen sie ganz aufrecht oder sind ein wenig nach vorn oder hinten geneigt, was auch vom Stil der Behechelung abhängen kann; z. B. klassisch, parachuteartig, parakielförmig, paradunähnlich. Die Flügel können aber auch, die Spentform imitierend, zur Seite gespreizt sein. Die Materialien, aus denen man Flügel anfertigt, sind sehr vielfältig geworden. Heute werden neben den klassischen Federausschnitten vor allem Hechelspitzen, paarige oder solitäre Haarbüschel, paarige oder unpaarige Hechelbüschel und in letzter Zeit zunehmend Kunststoffe verarbeitet.

Auch die Schwänze fallen recht verschieden aus. Meistens handelt es sich um Hechelschwänze, die entweder in Büschelform oder aus mehreren Spitzen bestehend eingebunden sind. Sehr gute und tragfähige Trockenfliegenschwänze liefert auch (hohles) Hirschhaar. Je nach Art oder Stil bindet man sie zusammen, also im Büschel, oder spreizt sie, in zwei oder drei Sträuße geordnet. Die Schwänze tragen viel zur Schwimmfähigkeit der Trockenfliege bei. Die die Fliege tragenden Hecheln stammen durchweg von Haushähnen. Sie sind je nach Art des Vogels verschieden gefärbt. Künstlich gefärbte Hecheln sind den naturfarbenen stets unterlegen, weil sie durch den Färbeprozeß einen Teil ihres Fettgehaltes und ihrer Elastizität einbüßen. Wie die Hechel einzubinden ist, hängt von den verschiedenen Stilrichtungen ab. Die Dimensionen der Hecheln wie auch der Flügel und Schwänze sollten immer der Hakengröße bzw. der Hakenlänge angepaßt sein.

Nur wenn in dieser Hinsicht alles stimmt, kann die Fliege als wohlproportioniert gelten. Gewöhnlich sollte der Schwanz so lang wie der Haken sein, und die Flügellänge muß der Abmessung des Fliegenkörpers entsprechen. Abgesehen davon gibt es aber auch einige spezielle Fliegen, die diese Richtlinien überschreiten. Betrachtet man aber die wunderschönen, feingeäderten Flügel einer natürlichen Eintagsfliege, dann muß man sich eingestehen, daß unsere Kunstprodukte doch ziemlich grob und kümmerlich ausfallen. Fast neigt man dazu, den Fischen Abbitte zu tun, weil wir sie mit derartig plumpen Kniffen hereinlegen. Beispiele:

Erläuterungen zur Einordnung künstlicher Fliegen

1. *Olive Dun*

Diese Fliege ist eine der wichtigsten Eintagsfliegen-Imitationen. Die sogenannten Olives imitieren die kleineren Eintagsfliegenarten, hauptsächlich die Baetidae, die beinahe in jedem Salmonidengewässer vorkommen und fast zu jeder Zeit am Wasser anzutreffen sind. Besonders zum Anfang und am Ende der Saison treten sie sehr zahlreich in Erscheinung. Viele Angler kennen sie auch unter der Bezeichnung Blue Dun, was nicht ganz korrekt ist, denn bei Olive Dun und Blue Dun handelt es sich um zwei verschiedene Kunstfliegen, die sich allerdings sehr ähnlich sehen und auch zur gleichen Zeit brauchbar sind. Da Olive Dun zu den führenden Mustern gehört, haben sich im Laufe der Zeit die verschiedensten Variationen daraus entwickelt. Die klassischen Formen sind schon relativ alt, und fast ein jeder Meister der Fliegenrute hat der Fliege etwas dazugegeben. Darum soll hier zu Ehren des großen G. E. M. Skues dessen selbst entwickeltes Muster vorgestellt werden.

Haken: Größe 16
Bindeseide: Gelb, gewachst
Körper: Floßseide, mit dünnem Golddraht gerippt
Hechel: Olivgrüne Hahnenhechel
Schwanz: Olivgrüne Hechelfibern
Flügel: Mittelgraue Ausschnitte von Starschwungfedern.

2. *Wickham's Fancy*

Diese Fliege, die auch Goldfliege genannt wird, ist mit Sicherheit die erfolgreichste Phantasiefliege in der Geschichte des Fliegenfischens. Noch immer ist sie zu jeder Zeit auf jeden Fisch zu gebrauchen, und sie hat im Laufe der Zeit, trotz vieler Konkurrenzmuster, nichts von ihrer Effektivität verloren. Es gibt nicht wenige Fliegenfischer, die jahrein, jahraus damit fischen. Deswegen nachfolgend die weltberühmte Bindeweise der Erfolgsfliege des Dr. Wickham:

Haken: Größe 14–16
Bindeseide: Schwarz
Körper: Goldlametta mit dünnem Golddraht gerippt
Kopfhechel: Zwei ingwerrote Hahnenhecheln
Körperhechel: Eine gleiche Hechel palmerartig gewunden
Schwanz: Rote Ibisfibern oder braunrote Hechelfibern
Flügel: Mittelgraue Ausschnitte von Starschwungfedern.

3. Parachute Fliegen (Fallschirmfliegen)

Hier handelt es sich um Muster, die den Hechelkranz parallel zum Hakenschenkel, also als kleinen Fallschirm, auf den Schultern tragen. Während sie von den einen Fliegenfischern abgelehnt werden, preisen die anderen ihr korrektes Aufsetzen auf die Wasseroberfläche, so daß sie dem Fisch immer in aufrechter Haltung zu Gesicht kommen. Man könnte darüber streiten, inwiefern dies notwendig sei. Sie sind und bleiben jedoch eine interessante Erscheinung, so daß es eine Unterlassungssünde wäre, sie an dieser Stelle nicht zu erwähnen. Schauen wir uns deshalb einmal an, wie der bekannte Fischer und Fliegenbinder Poul Jorgensen die March Brown (Märzbraune) im Parachutestil bindet:

Haken: Größe 10–12
Bindeseide: Orange
Körper: Hellbraunes Fuchsdubbing
Flügel: Seitenfedern vom Wood Duck
Hecheln: Je eine Grizzly- und Ingwerhahnenhechel im Parachutestil um die Basis der Flügel gewunden
Schwanz: Dunkle, ingwerfarbene Hahnenhechelfibern.

2. Gruppe = 1.1.2.1 Schwimmende, schwanzlose, geflügelte Hechelfliegen

In dieser Gruppe entfällt der Schwanz als typisches Charakteristikum einer Eintagsfliegenimitation. Deswegen findet man in dieser Gruppe vorwiegend Nachbildungen der Köcher- und Steinfliegen sowie einige Phantasiefliegen. Die Flügel dieser Gruppe können die gleiche Position einhalten wie anfangs besprochen. Dazu kommen jedoch die typischen Flat Wings, also anliegende Flügel, wie sie z. B. Steinfliegen, Mücken, Hausfliegen und Käfer besitzen. Beispiele:

1. Delta Wing Caddis

Diese Fliege, eine amerikanische Erfindung, ist einer tanzenden Köcherfliege nachempfunden. Sie eignet sich am besten für warme Sommerabende.

Haken: Mustad 94840, Größe 10–20
Bindeseide: Olivgrün
Körper: Hellolives Pelz- oder entsprechend gefärbtes Polypropylendubbing
Hechel: Braun
Flügel: Zwei graue Hechelspitzen aus einer Hennenfeder werden in einem Winkel von 45 Grad flach über den Fliegenkörper gebunden.

Da die Köcherfliegenimitationen neben den Eintagsfliegennachbildungen zu den wichtigsten Trockenfliegen gehören, stellen wir noch zwei weitere Muster vor.

2. Solomons Hairwing

Diese Kreation kann man zur gleichen Zeit wie die vorherige verwenden, also immer, wenn die Aussichten für den Fang mit künstlichen Köcherfliegen günstig erscheinen.
Haken: Mustad 94840, Größe 8–22
Bindeseide: Dünn, grau, gewachst
Körper: Helloliver Seehundpelz oder Kunstdubbing gleicher Färbung
Hechel: Braun
Flügel: Gelbbraunes Hirschhaar.

3. Grannom

Diese schon klassische Köcherfliegen-Imitation ist der weiblichen *Brachycentrus subnubilus* nachempfunden, einer besonders im Frühling zahlreichen Art. An manchen Tagen taumelt sie in Wolken gegen die Fließrichtung verschiedener Salmonidengewässer. Das lebende Insekt trägt am Körperende einen grüngefärbten Eiballen. Ihr künstliches Ebenbild zählt zu den erfolgreichsten Fliegenmustern.
Haken: Größe 14
Bindeseide: Olivgrün
Körper: Graubraunes Hasenohrdubbing, am Hinterteil ein paar Windungen grüner Wolle
Hechel: Braun
Flügel: Ausschnitte von Rebhuhnschwungfedern.

3. Gruppe = 1.2.1.1 Schwimmende, schwanztragende, ungeflügelte Hechelfliegen

Hierbei handelt es sich um einfache Allroundmuster, die meistens als flügellose Eintagsfliegen-Imitationen vorgesehen sind. Ungeachtet der bei ihnen nicht so anspruchsvollen Bindetechnik decken sie sich manchmal verblüffend mit ihren natürlichen Vorbildern. Beispiele:

1. Grey Fox Variant

Der bekannte Fliegenfischer und -binder Art Flick behauptet, daß er, sofern er dazu gezwungen wäre, eine Saison lang nur mit einer einzigen Fliege zu fischen, sich sofort für dieses Muster entschiede. Allerdings hat er jene ursprüngliche Kreation von Preston Jennings ein bißchen modifiziert und ist nun fest überzeugt, daß dies der Fliege nur

zugute gekommen ist. Typisch sind die sehr langen Hecheln. Demzufolge ist auch der Schwanz etwas länger.
Haken: Größe 12–18
Bindeseide: Hellbraun
Körper: Quillbody (Kielkörper) von einer Ingwerhechel
Hecheln: Drei Hahnenhecheln, je dunkeloliv, grizzly und hellingwer, gemischt, jedoch eine Feder nach der anderen in oben angegebener Reihenfolge eingebunden
Schwanz: Ingwerfarbene Hechelspitzen.

2. Red Tag

Obwohl der Red Tag, auch Rotschwanz genannt, eine der bekanntesten Äschenfliegen ist, lassen sich mit den größeren Mustern auch sehr gut Döbel und Forellen fangen. Der Döbel mag sie besonders, wenn sie ihm unter Wasser angeboten wird.
Haken: Größe 12–18
Bindeseide: Schwarz
Körper: Grüne Pfauenfibern
Hechel: Rotbraun
Schwänzchen (Tag): Rote Wolle oder roter Federausschnitt, sehr kurz abgeschnitten.

3. Tups indisable

Eine sehr bekannte Fliege, die auch die Unentbehrliche genannt wird, an der im Laufe der Jahre viel herumgemurkst und gesündigt wurde. Das erklärt, warum heutzutage so manch seltsame Erscheinung als Tups verkauft wird, von der sich der weniger erfahrene Trockenfischer nach einer Reihe von Mißerfolgen alsbald enttäuscht abwendet. Er kann ja gar nicht wissen, daß er es mit der völlig falschen Fliege zu tun hatte. Auch um dieses Muster ranken sich Legenden. Mr. Austin, der Schöpfer dieser Fliege, war ihretwegen schon zu Lebzeiten ein berühmter Mann. Aber das Bindematerial der Tups blieb sein langjähriges Geheimnis, und es dauerte bis nach seinem Tode, bis es gelüftet wurde: Die urinverfärbte Wolle aus dem Genitalbereich des Schafbocks war's gewesen...
Haken: Größe 16
Bindeseide: Gelb
Körper: Eine Mischung aus Schafbockwolle, cremefarbigem Seehundsdubbing und einem bißchen gelben Mohair
Hechel: Honey Dun oder Hellgelbe Hecheln
Schwanz: Spitzen aus obigen Hecheln.

4. Gruppe = 1.2.2.1 Schwimmende, schwanzlose, ungeflügelte Hechelfliegen

In dieser Gruppe befinden sich überwiegend Nachahmungen von Landinsekten und dicht über dem Wasser fliegenden Insekten sowie Phantasiefliegen. Beispiele:

1. Skater

Eine sehr interessante und ungewöhnliche Fliege, die auch Schlitterfliege genannt wird, von E. Hewitt. Er begann damit am Neversink River zu fischen, weswegen man sie auch Neversink Skater oder Hewitt Skater nennt. Diese Fliege besitzt weder Flügel noch Körper und auch keinen Schwanz. Zwei überdimensionale Hecheln werden einfach über den Hakenschenkel gewunden, und fertig ist sie. Haken möglichst kurzschenklig, in den Größen 8–12. Die Hecheln können verschieden gefärbt sein, z. B. braun, grau oder schwarz. Den Skater zieht der Fischer über die Wasseroberfläche oder läßt ihn leichte Sprünge darauf verrichten.

2. Palmer

Die Palmer imitieren vor allem Raupen, die ins Wasser gepurzelt sind. Da die Raupen-Fauna sich recht farbenfroh darbietet, darf man die Palmer auch mit verschiedenfarbigen Hecheln anfertigen. Man windet meist mehrere Hecheln dicht, daher der Ausdruck palmerartig, nebeneinander über den Fliegenkörper. Bei den Palmern handelt es sich um sehr alte Muster, und irgendwie sind sie mit den Kreuzrittern verbunden. Als diese nämlich von den heiligen Stätten zurückkehrten, hatten viele von ihnen dichte Palmenwedel mit heimgebracht. Daraus entstand der Ritterorden der ‚Palmer'. Unsere Palmer aber sind hervorragende Kunstfliegen, mit denen man, in entsprechenden Größen, auf jeden nur erdenklichen Fisch angeln kann, sofern er der Insektenkost zugetan ist. Einer der bekanntesten Palmer ist die Tricolore, die Charles Ritz so hoch geschätzt hat. Der Tradition entsprechend geben wir hier jedoch einem klassischen Palmer den Vorzug, dem Grey Palmer.

Haken: Größe 8–18
Bindeseide: Schwarz
Körper: Graue Wolle mit Goldlametta gerippt
Hecheln: Eine Badgerhechel, palmerartig über den Körper gewunden, anschließend wird noch eine Kopfhechel hinzugefügt.

3. Ameisen
Künstliche Ameisen kann man auch geflügelt binden, jedoch jeder Experte weiß, daß die einfachen Muster genauso viel bringen. Wenn ihre Stunde schlägt, sind die künstlichen Ameisen eine der erfolgreichsten Fliegen, die es gibt. Aus der Natur kennen wir rote und schwarze Arten. Von der Großen Waldameise abgesehen, kann man ihre Abmessungen als sehr klein bis mittelklein bezeichnen. Binden wir zur Probe einmal eine Black Ant (Schwarze Ameise):
Haken: Größe 16-28 (!)
Bindeseide: Schwarz
Körper: Schwarzes Dubbing, schwarze Wolle oder schwarze Seide, in der Mitte tailliert. Das Hinterteil sollte etwas größer als das vordere ausfallen.
Hechel: Höchstens drei Windungen in der Taille, von einer schwarzen Hahnenhechel.

5. Gruppe = 2.1.1.1 Schwimmende, schwanztragende, geflügelte Nichthechelfliegen
Aus dieser Gruppe sind hauptsächlich Swisher/Richards No-Hackle-Flies bekannt. Diese beiden Autoren imitieren auf eine sehr originelle Art und Weise Eintagsfliegen in allen Dun- und Spinnerformen. An der Fängigkeit dieser Fliegen ist nicht zu zweifeln, nur läßt ihre Haltbarkeit, im Vergleich mit den klassischen Mustern, etwas zu wünschen übrig. Beispiel:

No-Hackle-Dun
Diese Fliege imitiert die verschiedensten Subimagines kleinerer Eintagsfliegenarten. Ihr Schwanz muß weit auseinandergespreizt werden, um so die aufrechte Haltung wie die Schwimmfähigkeit zu unterstützen.
Haken: Größe 12–22, 1× – 3× Long Shank (langschenklig)
Bindeseide: Dunkelbraun
Körper: Gelbbrauner Seehundspelz oder Polypropylendubbing
Flügel: Dunkelgraue Ausschnitte von Entenschwungfedern
Schwanz: Bronzefarbene Blue Dun Hecheln, gespreizt.

6. Gruppe = 2.1.2.1 Schwimmende, schwanzlose, geflügelte Nichthechelfliegen
Hierbei handelt es sich um ganz seltene Landinsekten-Imitationen. Von diesen Fliegen sind uns nur die Raupennachbildungen bekannt. Beispiel:

Turkey Quill Caterpillar

Diese Raupenfliege ist ein bißchen kompliziert zu binden, obwohl es sich hierbei nur um ein einziges Stück Material handelt. Dies bereiten wir aus einer Truthahnfeder zu, der wir seitlich ein wenig die Fibern gestutzt haben. Auch der Kiel wird mit einer scharfen Klinge seitlich etwas verjüngt. Die so präparierte Feder wird anschließend auf einen langschenkligen Haken entsprechender Größe geklebt. In ähnlicher Weise kann man auch Käfer nachbilden.

7. *Gruppe = 2.2.1.1 Schwimmende, schwanztragende, ungeflügelte Nichthechelfliegen*

Diese Gruppe läßt sich als ‚schwimmende Nymphen' bezeichnen. In der Literatur sind sie kaum bekannt. Doch wenn man mit ihnen fischt, z. B. an harten Herbsttagen, wenn die Äschen sehr pingelig sind, dann vermag nur noch dieses kleine Gebilde, auf Hakengröße 18–20 gebunden, die Situation zu retten. Eine Entenbürzelfeder wird nymphenähnlich befestigt, so daß die Fiberenden schwanzförmig über den Hakenbogen stehen. Dieses Muster findet auch dann noch Anklang, wenn die Fische die herkömmlichen Entenbürzelfliegen ablehnen.

Etwas besser sind in der Literatur die Nachbildungen von Bandasseln (Centipedes) bekannt, die nur aus einem Pfauenkiel mit wenigen verbliebenen Fiberstummeln bestehen, der auf den Hakenrücken gebunden wird. Diese Fliege ist so einfach wie genial, denn wenn ihre Zeit kommt, fängt sie Fisch auf Fisch.

8. *Gruppe = 2.2.2.1 Schwimmende, schwanzlose, ungeflügelte Nichthechelfliegen*

Auch diese Gruppe zeigt vorwiegend Raupenimitationen. Beispiele:

Clipped Hair Caterpillar

der eigentlich nur aus einem Körper in Raupenform gestutzter Hirschhaare besteht.

Clipped Hair Beetle

der, an einen Käfer erinnernd, etwas rundlicher ausfallen sollte.

Cork oder Balsa Caterpillar

eine gut schwimmende Imitation aus Kork oder Balsa, die man auf den Hakenschenkel klebt und hinterher mit entsprechenden Farben als Raupen, aber z. B. auch als Mai- oder Marienkäfer bemalt.

Mit dieser kleinen Vorstellung der acht verschiedenen Trockenfliegengruppen wollten wir eigentlich nur die Möglichkeiten, die das Fliegenbinden im allgemeinen sowie das Selberbinden im besonderen bietet, einmal etwas näher darstellen. Selbstverständlich konnten wir nicht im einzelnen auf all die verschiedenen Bindetechniken eingehen. Aber das war auch ohnehin nicht unsere Absicht, da es ja zu diesem Thema mehr als genug Veröffentlichungen gibt. Da erscheint es schon wichtiger, dem Leser in einer Übersicht einmal zu zeigen, welche Trockenfliegen er im Laufe eines vollen Jahres an sein Vorfach knüpfen kann. Hierbei ist es vernünftiger, sich auf langbekannte Muster oder Gruppen zu beschränken. So fallen z. B. Ameisen, Raupen, Käfer, Fliegen, Wespen und Bienen unter die Bezeichnung Terrestrials. Dazu rechnen wir auch die Palmer und palmerartig gebundenen Fliegen.

Die Trockenfliegen eines Jahres

März

Märzbraune (March Brown), Blue Dun, Large Dark Olive, Wickham's.

April

Large Dark Olive, Blue Dun, Erlfliege (Alder), Märzbraune, Wickham's, Weißdornfliege *Bibio marci* (Hawthorn Fly), Grannom, Spents, an warmen Tagen Terrestrials.

Mai

Blue Dun, Märzbraune, Wickham's, Erlfliege, Maifliege, Iron Blue, größere Steinfliegenmuster, Weißdornfliege, Red Spinner, Spents, Yellow Sally, Needle Flies, Greenwell's, Gnats, Midges, Tups, Terrestrials, Grannom.

Juni

Maifliege, große und mittlere Steinfliegenmuster, Blue Dun, Tups, Medium Olive Spinner, Märzbraune, Wickham's, Blue Quill, Midges, Gnats, Iron Blue, Greenwell's, Red Spinner, Yellow Sally, Needle Flies, Caenis Spinner, Spents, Sedges, Terrestrials.

Juli

Sedges, Terrestrials, Steinfliegen (Stone Flies), Wickham's, Blue Dun, Greenwell's, Small Dark Olive, Blue Winged Olive (BWO),

Erläuterungen zur Einordnung künstlicher Fliegen

Sherry Spinner, Caenis Spinner, Gnats, Midges, Red Smuts, Yellow Sally, Spents, July Dun.

August

Sedges, Terrestrials, July Dun, Small Dark Olive, Small Dark Olive Spinner, BWO, Sherry Spinner, Gnats, Midges, Red Smuts, Willow Fly, Yellow Sally, Herbst Dun, Great Red Spinner (Großer Rotspinner), Small Red Spinner (Kleiner Rotspinner), verschiedene Märzbraune-Muster, Spents, Wickham's.

September

Iron Blue, Little Claret Spinner, Medium Olive, Medium Olive Spinner, BWO, Sherry Spinner, Sedges – besonders die großen zimtfarbenen, Willow Fly, Herbst Dun, Rotspinner, Greenwell's, Wickham's, Terrestrials, verschiedene Märzbraune-Muster, Spents, Gnats, Midges.

Oktober

Solange die Tage noch warm sind, können die Septemberfliegen gewählt werden. Da jetzt aber die Äsche so langsam in Höchstform kommt, sollten speziell für sie kleinere Muster ab Hakengröße 16 gewählt werden. Werden die Tage kühler, so stellt sich der Fliegenfischer auf die sogenannten Winterfliegen der kommenden Monate um.

November bis Februar

Die Bachforelle hat längst schon Ruhe vor dem Fischer, und auch die laichpralle Regenbogenforelle sollte dort, wo sie noch frei ist, spätestens ab November geschont werden. Der Döbel zieht während der kälteren Jahreszeit die Naßfliege vor. Die Äsche jedoch bietet jetzt eine Trockenfischerei par excellence. Aber sie kann sehr pingelig sein, und während der Wintermonate kommt sie eigentlich nur in der Tagesmitte so richtig in Schwung. Was sie in dieser Jahreszeit aber immer verlangt, das sind winzige Fliegen und zarte Vorfachspitzen. Der Fischer wähle also beides lieber eine Nummer zu klein als zu groß. Die besten Fliegen sind jetzt: Black Gnats – mit Gold gerippt, Red Tag, Palmer – besonders in dunklen Farben, Blue Dun, Märzbraune, sedgeähnliche Steinfliegenmuster, Spents, Wickham's.

Die Präsentation der Trockenfliege

Der eine mag eine kaum überschaubare Geräte- und Zubehörkollektion sein eigen nennen, der andere wird als unbekümmerter Besitzer einer einzigen Allroundfliegengerte den Weg zum Fischwasser finden. Beide Temperamente indes werden trotz aller Bürde oder Unbeschwertheit schließlich doch der Fliege, vornehmlich der Trockenfliege, das Hauptgewicht beimessen. Sei sie nun in einer kostbar gravierten Wheatley Silver Seal Fly Box oder in einer ausgedienten Zigarettenschachtel untergebracht. Das Fluidum der Fliege an sich, ihre anerkannte Verläßlichkeit, die in vielen Versuchen gewachsene und gerechtfertigte Vorliebe für ein bestimmtes Fliegenmuster oder gleich für mehrere, schaffen nicht selten jenes seelische Fundament, dessen der Fischer für einen runden Fischertag doch so sehr bedarf. Er weiß, was er kann. Das Fischwasser besitzt Qualität. Das mitgeführte Sortiment hat sich hundertfach bewährt. Der Erfolg wird nicht ausbleiben. Und meistens kommt es auch so. Bis dann jene Stunde schlägt, in der einfach nichts mehr laufen will. „Das Wetter, die Jahreszeit, die Umstände", so versucht sich der Fliegenfischer zu beruhigen, bis ihm schließlich, so ist nun mal der Mensch, die ersten Zweifel an den kleinen buntgefiederten Haken und Häkchen kommen, die heute von den Fischen auf geradezu provozierende Weise ignoriert werden. „Die Fliege taugt auch nichts mehr", so grollt er. „Ist die Vorfachspitze eigentlich fein genug?" fragt er sich weiter. „Die Leine? Sie schwimmt schon längst nicht mehr korrekt und müßte bereits gegen eine neue ausgetauscht sein. Und dann die Rute: sie zeigt schon seit geraumer Zeit Ermüdungserscheinungen und knallt manchmal die Leine allzu hart aufs Wasser. Kein Wunder, wenn da die Fische Reißaus nehmen."

Derartige oder ähnliche negative Schlußfolgerungen können im Verlauf eines wenig glücklichen Fischertages aufkommen. Doch voller Skepsis und Verdruß sucht der Angler nicht selten in der falschen Richtung nach den Ursachen seiner Misere, nämlich von der Fliege über Vorfach und Leine zur Rute hin. Dabei wäre es ratsamer, den entgegengesetzten Weg einzuschlagen, und zwar von der Fliege di-

Die Präsentation der Trockenfliege

rekt zum Fisch. Denn warum sollte plötzlich das so oft erprobte und vielbewährte Gerät versagen?

Mancher Fliegenfischer sperrt sich auch gegen die Tatsache, daß die Fische durch sein persönliches Fehlverhalten mißtrauisch geworden sein könnten. Wahrscheinlich nicht so recht bei Laune, sind sie den Fliegen gegenüber nicht nur viel wählerischer eingestellt, sondern reagieren gleichermaßen mit äußerstem Argwohn auf alles Fremdartige in ihrer Umgebung.

Vielleicht kündet sich auch schon die Sommerflaute an, wahrscheinlich finden die Fische zur Zeit grundnahes Futter, oder sie merken ganz einfach den Betrug, der im Schilde geführt wird. Jedenfalls packen sie nicht mehr so ungeniert zu. Der letztgenannte Umstand wird dem Flugangler um so schmerzlicher gewiß, je weniger er in der Lage ist, seine Fliege so unverdächtig wie möglich anzubieten. In derartigen Fällen ist es zweitrangig, wie eine Fliegenrute beschaffen ist, wenn sie nur dazu taugt, eine gute Durchschnittslänge Leine abzulegen. Auch der momentane Zustand der Flugschnur ist unwichtig, wenn sie nur, halbwegs schwimmend, die Verbindung zwischen Fischer und Fisch herzustellen vermag. Und das Vorfach? Wenn es so zusammengesetzt ist, daß es sich korrekt auslegt und seine Spitze in eine vertretbare Stärke ausläuft, dann ist in diesem Fall der zweitwichtigste Bestandteil der Ausrüstung in Ordnung. Der bedeutsamsten Komponente jedoch, der Fliege und ihrer vollkommenen Präsentation, sollte der Trockenfliegenfischer sein ganzes Augenmerk widmen. Doch an dieser Erkenntnis fehlt es manchmal. Denn ehe die Trockenfliege in das Gesichtsfeld des Fisches treibt, hat dieser längst den Angler, die hin- und herblitzende Rute, die durch die Luft sausende Schnur entdeckt. Und registriert er des weiteren, mit empfindlicher Seitenlinie, die aufklatschende Leine, die anschließend noch über sein Sichtfenster treibt, und jagt ihm nachfolgend das reflektierende Vorfach einen zusätzlichen Schrecken ein, dann widersteht er gern der Verlockung, nach jenem seltsamen Ding zu steigen, das auf der Oberfläche zwar wie ein leckeres Insekt dahergetanzt kommt, aber nach dem ganzen Drum und Dran doch irgendwie anrüchig erscheint. Der frustrierte Fliegenfischer, der jetzt noch den Fisch mit einer anhaltenden Serie von Würfen bepflastert, wird ihn, sofern er sich nicht längst schon verkrümelt hat, für eine Weile aus dem Gedächtnis streichen müssen.

Neben der Fähigkeit, dem Fisch die Trockenfliege so unverdächtig wie möglich präsentieren zu können, sollte der Flugangler in der

Lage sein, sich eine Vorstellung von dem zu machen, was der Fisch von ihm und seinem Gerät sehen könnte. Dazu gehört zunächst einmal eine ausgefeilte Wurftechnik und zum anderen das Einfühlungsvermögen, sich aus jeder denkbaren Position heraus in den Zustand des Fisches zu versetzen. Sollte jetzt die Fliege aber noch immer auf Ablehnung stoßen, dann wären die Ursachen eines solchen Verhaltens der Fische wohl kaum beim Angler oder seinem Werkzeug zu suchen. In derartig heiklen Situationen beginnt der Angler gern mit ausgefallenen Mustern zu experimentieren, und so manch neues Imitat wurde aus solchen Zwangslagen heraus am Fischwasser erdacht, gebunden und präsentiert und galt von nun an als Geheimtip Nr. 1. Sollten aber die hohe Intuition sowie jegliches Manöver versagen, bitte: wofür gibt es denn eigentlich die Nymphe oder Naßfliege?

Was der Fisch alles sieht

Hierüber sollte der Fliegenfischer sich stets im klaren sein. Denn der Fisch hat zunächst einmal den Vorteil, vom Dunklen ins Helle zu blicken. Was das bedeutet, begreift der Fischer am besten, wenn er sich vorstellt, er befände sich in einem vom Tageslicht beleuchteten Zimmer und schaue nach draußen. Nichts bliebe ihm dort verborgen. Die Leute auf der Straße aber würden kaum etwas von dem entdecken, was im Zimmer hinter den reflektierenden Scheiben vor sich geht. Bleiben wir noch einen Augenblick bei diesem Vergleich. Unser Blickwinkel würde logischerweise vom Fensterrahmen begrenzt. Was sich hinter der Hauswand abspielte, in die das Fenster eingesetzt ist, könnten wir nicht wahrnehmen. Der Fisch aber vermag das. Er guckt sozusagen um die Ecke. Würde also hinter den Fensterscheiben, gegen das Tageslicht, die Silhouette einer Trockenfliege auftauchen, dann sähe er gewiß noch etwas von dem Angler, der sich mit seiner Rute hinter der Hauswand verborgen hielte. Wie ist so etwas möglich?

Zur Erklärung verlassen wir das imaginäre Zimmer, das nur eine vage Vorstellung von der Fischperspektive vermitteln sollte, und kehren die Horizontale in die Senkrechte. Der vom Tageslicht erhellte Raum verwandelt sich zum Fischwasser, die Hauswand zur Oberfläche, die Fensteröffnung wird zum runden Sichtfenster des Fisches und die Außenwelt zur Luft darüber. Würde der Mensch jetzt,

Die Präsentation der Trockenfliege

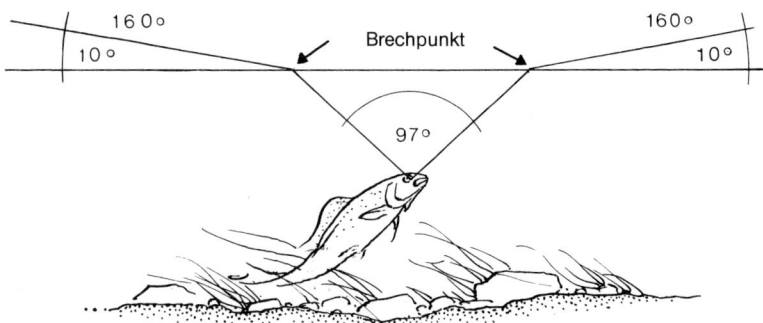

Abb. 19. Der Blickwinkel des Fischauges beträgt unter Wasser 97° und erweitert sich an der Oberfläche auf 160°

anstelle des Fisches, einen Blick durch die runde Öffnung nach außerhalb des Wassers werfen, so dürfte er sich wundern, was es da, eine glatte Wasserfläche vorausgesetzt, alles zu sehen gäbe. Um das zu verstehen, sollte sich der Fischer den Blickwinkel des Fisches als Kegel oder, noch besser, als runden Trichter mit einer Öffnung von 97° nach oben vorstellen. An der Wasseroberfläche erweitert sich dieser Blickwinkel schlagartig auf 160°. Diesen extremen Weitwinkeleffekt erhält das Fischauge aber nicht aufgrund seines organischen Aufbaus, sondern durch die Brechung der Lichtstrahlen an der Wasseroberfläche, die in diesem Fall als Linse fungiert (Abb. 19). Den ernsthaften Amateurphotographen unter den Lesern werden die sogenannten Fisheye-(Fischaugen-)Objektive ein Begriff sein, die in der photographischen Praxis für extreme Weitwinkelaufnahmen und ausgefallene Bildgestaltung verwendet werden. Eigentlich hat ein jeder schon mal in der Werbung jene bisweilen grotesk verzerrten Bilder mit stark stürzenden Konturen gesehen. Diese Photos vermitteln ungefähr den Anblick, den der Fisch von der Außenwelt erhält.

Der Durchmesser des runden, hellen Sichtfensters verringert oder erweitert sich je nach Abstand des Fisches zur Wasseroberfläche. Je tiefer er sich aufhält, desto mehr verdunkelt sich das runde Fenster und um so stärker verschwimmen dort oben die Konturen. Dem Fisch erscheint das Wasser nur innerhalb seines Sichtkegels durchsichtig. Wobei zu bedenken ist, daß im runden Sichtfenster durch Wind und Wellen beträchtliche Unschärfen entstehen können. Außerhalb des Sichtfensters erweist sich die Wasserunterfläche als stark abgedunkeltes, kontrastarmes Spiegelbild (Abb. 20), in dem der

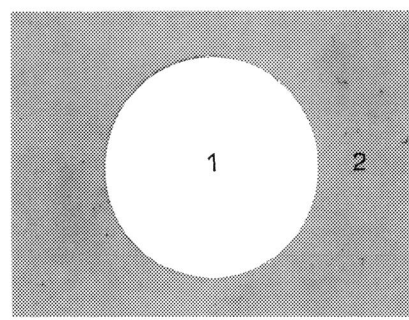

Abb. 20. 1: Das runde Sichtfenster als heller Kreis. 2: Die Wasserunterfläche fungiert als stark abgedunkeltes, kontrastarmes Spiegelbild

Fisch in mehr oder weniger abgeschwächter Form Grund, Steine, Pflanzen und auch herantreibende Nahrung zu erkennen vermag. Diese Sehhilfe wird aber in unruhigen Flußstrecken durch starke Verzerrungen enorm eingeschränkt. Späht der Fisch in die Horizontale, erscheint ihm der Hintergrund je nach Lichteinfall als trüber bis finsterer Schleier, vor dem sich aber, von oben beleuchtet, jedes Partikelchen abhebt. Deshalb orientiert sich der Fisch besonders an der Spiegelung der Wasserunterfläche, denn der Rücken eines von oben hell erleuchteten Objektes erweist sich als Spiegelbild viel deutlicher als das Original vor düsterem Hintergrund.

Aber den Fliegenfischer mit der Trockenfliege interessiert ja viel mehr, was auf der Wasseroberfläche vor sich geht und wie der Fisch die dort herantreibende Flugnahrung erkennt. Auch ein in der Strömung stehender Salmonide, der eifrig nach Oberflächennahrung steigt, wird zunächst die spiegelnde Wasserunterfläche ins Auge fassen. Denn obwohl undurchsichtig für ihn, verrät sie schon von weitem ein federleicht darauf herantreibendes Insekt, und zwar an den Einwölbungen, welche die Beinchen, bei Eintagsfliegen auch die Schwanzfäden des Tierchens in der Oberflächenspannung hervorbringen. Diese Druckstellen rufen bei bestimmter Lichtbrechung hellglitzernde Pünktchen hervor, die vor dem dunklen Hintergrund auffallend reflektieren.

Einen ähnlichen Eindruck sollen die Hecheln und ausgespreizten Schwanzgrannen unserer Trockenfliegen erwecken (Tafel 8). Bei notgewasserten und herumzappelnden Landinsekten durchstoßen Beinchen und Fühler den Oberflächenfilm und werden durch die Spiegelung an der Wasserunterfläche vergrößert wiedergegeben. Diesen den Fischen so wohlvertrauten Anblick imitiert man mit halbtrockenen Mustern. Desgleichen haften zahlreiche abgestorbene Ein-

Die Präsentation der Trockenfliege

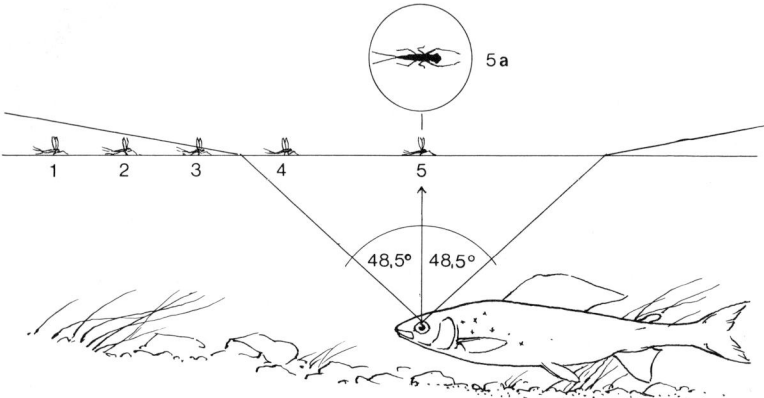

Abb. 21. 1: An diesem Punkt hat der Fisch das Insekt anhand der Einwölbungen in der Wasserunterfläche längst erkannt. 2, 3: In dieser Phase dringt das Insekt in das Außenblickfeld des Fisches ein; die Farben kommen zum Tragen. Das Objekt auf dem Wasser scheint in der Luft zu schweben, die Einwölbungen der Extremitäten liegen deutlich tiefer darunter. 4: Ist das Insekt so weit in das Sichtfenster eingedrungen, beginnen sich seine Farben zu verdunkeln. 5: Jetzt sieht der Fisch das Insekt nur noch als dunkle Silhouette (5a) gegen das helle Sichtfenster

tagsfliegenweibchen sowie ertrunkene Kleinlebewesen in der Oberflächenspannung. Auch diese Unglücklichen haben eine reichhaltige Auswahl an Nachahmungen gefunden.

Was aber geschieht, wenn das künstliche wie natürliche Insekt näher herangetrieben ist und sich der Grenze ‚Unterwasserspiegelung/Sichtfenster' nähert? Dieser als ‚Snellius'scher Ring' bezeichnete Kreis ist der entscheidende Punkt, an dem die Farbe des natürlichen Insektes sowie die seines Imitates zum Tragen kommt (Abb. 21). Ein

Tafel 8. Aus der Fischperspektive. 1: Die Maifliege ist zu Wasser gebracht und treibt auf den Fisch zu. 2: So sieht der Fisch den eingesunkenen Teil der Fliege: Durch die Spiegelung verdoppeln sich Körper, Hecheln und Haken. 3: Der Snelliussche Ring ist erreicht. Im Blickfeld, hoch über dem Unterteil der Fliege, tauchen die Flügel auf. 4: Die gut behechelte ‚Tricolore' reitet scheinbar nur auf der Oberfläche. 5: Der Fisch sieht es ganz anders: Die Hechelspitzen durchstoßen die Wasserhaut, der Hakenbogen ist eingesunken und erscheint durch die Spiegelung in doppelter Größe. 6: Das Märchen vom unsichtbaren Vorfach: In Wirklichkeit kann der Fisch auch das dünnste Fliegenvorfach wahrnehmen. Nur mit der richtigen Präsentationstechnik läßt sich das Schlimmste verhüten. Auch bei diesem Photo verdoppeln sich der widerspiegelnde Haken und die wasserdurchstoßenden Hecheln. Die sich über Wasser befindlichen Flügel und Schwanzfäden werden als schwache Konturen wiedergegeben

Die Präsentation der Trockenfliege

paar Sekundenbruchteile später, in Sichtfenstermitte des Fisches treibend, verdüstert sich das Beutetierchen zu einem dunklen, manchmal stark verzerrten Schattenriß. Nach menschlichem Vorstellungsvermögen mag das alles ein bißchen kompliziert erscheinen, der Fisch aber kommt damit hervorragend zurecht. Man denke nur an die Äsche, die oft aus beachtlichen Tiefen nach winzigsten Nährtierchen an die Oberfläche steigt.

Wie aber wirkt eine Trockenfliege auf das kritische Fischauge? Auf glattem Wasserspiegel, von unten gesehen, geradezu verheerend! Auch bei leichtesten, aus bestem Material gebundenen Mustern sinkt der relativ schwere Hakenbogen sofort ein, durchstoßen die Hechelspitzen nach kürzester Zeit die Wasserhaut. Zudem werden die dem künstlichen Muster reichlich aus der Spur laufenden Extremitäten von der widerspiegelnden Wasserunterfläche in geradezu fatalster Art und Weise verdoppelt und verdeutlicht. Siehe nochmal Tafel 8, Bilder 4–6. Hat der Fisch, meistens am Anfang der Saison, seinen ersten Irrtum glimpflich überstanden, dann wird er die nachfolgenden Muster und Varianten günstigstenfalls noch ein paar neugieriger Inspektionen par distance unterziehen, um dann, nach gründlicher Vertiefung der Wahrnehmungen, weiteren Angeboten mit absoluter Gleichgültigkeit und Lethargie zu begegnen.

An ruhigen Zügen eines häufig befischten und zudem noch nahrungsreichen Gewässers ist der mit herkömmlichen Mitteln ausgestattete Trockenfliegenfischer so gut wie machtlos. Denn ein eingesunkener Hakenbogen, der von eingetunkten Hechelenden noch drastisch umrahmt wird, ist bei bestem Willen nicht zu verbergen. Bleiben als letzte Hoffnung nur noch der eindunkelnde Abend mit einsetzender Steigintensität, ein unerwarteter, das Wasser aufrauhender Regenguß oder ein mitleidiger Windhauch mit kräuselnden, die Konturen verwischenden Wellen.

„Jedes Ding hat zwei Seiten", kann man auch hier konstatieren, und selten bewahrheitet sich dieser simple Ausspruch so überzeugend wie bei denjenigen Mustern, deren über Wasser sichtbarer Teil so verblüffend nachgeahmt ist, daß sich sogar die paarungswilligen lebendigen Vorbilder zu einem ahnungslosen Annäherungsversuch darauf niederlassen, um sich verwirrt wieder zu empfehlen. Unten der Fisch sieht jedoch die Dinge anders. An derartig heiklen Strecken sollte man versuchen, mit Fliegen zu fischen, bei denen, ihrer Bauweise entsprechend, der Hakenbogen dem Wasser abgewandt ist. Das wird meistens mit Keelhaken-Mustern probiert.

An raschen Flußstrecken, wo die Wasserunterfläche arg verzerrt wird, gestaltet sich das Fischen mit der Trockenfliege weitaus problemloser. Zwar orientiert sich auch hier der Fisch so gut wie möglich an den Druckstellen und den dort haftenden Lichtreflexen, die von den herantreibenden Fischnährtieren hervorgerufen werden. Aber die sonst verräterische Schärfe des Spiegelbildes ist in schneller Strömung doch stark beschnitten. Ferner läßt eine geschwinde Wasserführung zu kritischem Abwägen nicht allzu viel Zeit. Es ist durchaus möglich, das ist zwar eine Vermutung, denn beweisen kann man das nie, daß in vielen Fällen der eingesunkene Hakenbogen den eingetauchten Hinterleib eines eiablegenden Insektes zu suggerieren vermag. Bei einem Fehlbiß wird es ein erfahrener Fisch allerdings verstehen, aus dem soeben unterlaufenen Irrtum eine Lehre zu ziehen, und nachfolgenden Hakenspitzen und Hechelsträußen mit gebührender Vorsicht begegnen. Der Angler muß sich jetzt wieder etwas anderes einfallen lassen.

Nähert sich eine Trockenfliege der Grenze zum Sichtfenster (Snellius'scher Ring), werden dem Fisch zunächst die auftauchenden Flügelspitzen (Tafel 8, Bild 3) ins Auge fallen. Bei Mustern mit hochragenden Schwingen, die Eintagsfliegen vortäuschen sollen, wird das etwas früher geschehen als bei Köcherfliegen-Imitationen (Sedges) mit ihren dachartig über dem Rücken zusammengelegten Flügeln. Nach und nach, relativ schnell, wächst vor dem Fischauge die gesamte Fliege empor, treten ihre farblichen Nuancen mehr oder weniger in Erscheinung. Ist diese Phase auch von kurzer Dauer, denn zur Mitte des Sichtfensters schrumpft die Fliege ja zur farblosen Kontur zusammen (Abb. 21), so sollten doch die Farben der künstlichen Fliege annähernd stimmen. Auch hier kommt dem Fischer wieder eine turbulente Strömung zu Hilfe. Denn je zerfurchter die Wasseroberfläche, um so schemenhafter erscheinen natürliche wie künstliche Insekten, und um so rascher muß der Fisch sich entscheiden.

In sehr heiklen Revieren mit ruhigen, klaren Zügen, die dem Angler einen guten Einblick, dem Fisch aber einen noch besseren Ausblick gewähren, sollte der Fischer während der hellen Stunden gleich die schnellen ‚Zugreifstrecken' aufsuchen. Doch selbst da müßte bei intensivem Sonnenschein die Trockenfliege möglichst im kühlschattigen Halblicht überhängenden Gezweigs oder aufsteilender Felsen und Klippen plaziert werden. Zum dämmerspäten Abendsprung aber wird man ganz gewiß wieder zu irgendeiner verheißungsvollen Stätte zurückfinden, wo sich Revier und Weite auf ein paar satt aufwallende Ringe zusammenziehen. Zu dieser Stunde kommen manchmal sogar die ganz Großen hoch. Wie eine Fata Morgana steigt dann vielleicht aus den Urgründen der Tiefe, oder auch nur aus unserer Einbildung, irgendein Fabeltier an die Oberfläche und packt die Fliege. Oder sinkt wieder, noch vor dem Anhieb, ins Dunkel der Unwirklichkeit zurück: ein Phantom, das unsere Phantasie noch über Jahre hinaus beschäftigt...

Der Fliegenfischer im Revier

Wie sich der Fischer im Revier bewegt und wie er sich einem ausgemachten Fisch nähert, davon hängt sehr viel ab. Es wird wohl kaum jemand umhinkommen, vor allem in weniger bekannten Gefilden, zunächst über eine Art Angriffsplan nachzudenken. Dazu gehört intensives Beobachten der Wasseroberfläche, das sich wohl in erster Linie auf entstandene oder entstehende Ringe konzentriert. Der entomologisch Geschulte wird außerdem noch auf Zeichen und Anzeichen der Insektenwelt achten. Entscheidend für das Angehen bzw. Anschleichen eines bestimmten Fisches ist aber immer die Örtlichkeit. Ganz sicher gibt der versierte Trockenfischer, sofern nur möglich, der Watfischerei den Vorzug. Diese faszinierende Pürschjagd mit der schwimmenden Fliege stellt zweifelsohne die Krone der Flugangelei dar. Doch wie bei der grünen Passion der sichere Schuß, so gehört zur Watfischerei die exakte Beherrschung von Rute und Leine, ohne die eine höchst unverdächtige Präsentation der Trockenfliege kaum möglich ist.

Der Fliegenfischer tut gut daran, sich stets vor Augen zu halten, daß ihn der Fisch gegebenenfalls mit seinem extremen Weitwinkelblick von 160° auch dann zu erspähen vermag, wenn der Angler selbst noch so gut wie gar nichts sieht (Abb. 22). Dieses teils unkontrollierbare Entdecktwerden läßt sich meist nur dadurch ausschalten, daß die Fliege über eine große Distanz präsentiert wird. Die Verfasser ziehen daher auch den kürzeren Rutentyp (1,80 bis 2,00 m) vor, weil er 1. die auffallend durch die Luft blitzende Leine dichter über den Wasserspiegel führt, 2. weil kurze Ruten mit der ihnen eigenen Rasanz größere Wurfweiten garantieren und 3. die Fliege durch den stark beschleunigten Wurfablauf innerhalb weniger Vor- und Rückschwünge durchtrocknet und somit wieder schwimmfähig wird. Denn Hand

Der Fliegenfischer im Revier

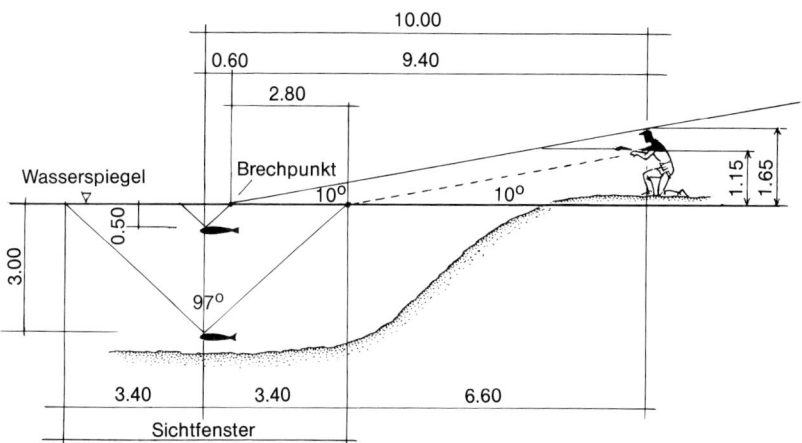

Abb. 22. Tiefe des toten Winkels aus verschiedenen Abständen vom Brechpunkt. Je tiefer der Fisch steht, um so mehr verlagert sich der Brechpunkt zum Angler hin, und um so größer ist die Gefahr, daß er gesehen wird. Wer die Verlagerung des Brechpunktes und den Abstand der Schenkel des toten Winkels bei den unterschiedlichsten Entfernungen genau ausrechnen will, findet in Abb. 23 die Formel dafür

aufs Herz: Was könnte wohl lästiger sein, als inmitten steigender Fische ständig seine Fliege mit Hilfe diverser Sälbchen und Pülverchen über Wasser halten zu müssen!

Wie wirkt nun der untere, in der Wathose verpackte Teil des Fischers, wenn er im Wasser steht? Schreckt der Fisch denn nicht vor den gummierten Extremitäten des Zweibeiners zurück? Das dürfte bei Fischen, denen man sich auf eine vernünftige Wurfdistanz genähert hat, wohl kaum geschehen. Denn selbst in klarstem Wasser verschmelzen bei der relativen Kurzsichtigkeit des Fischauges die Farben und Konturen jenes praktischen Beinkleides mit dem Schleier des Unterwasserhorizonts. Bestimmt wird bei der Watfischerei so mancher ungesehene Fisch hinweggetapert, was aber bei aller waltenden Vorsicht und Bedachtsamkeit unmöglich zu verhindern ist, weil Fische ja schließlich auch an Stellen stehen, an denen man sie nicht vermuten kann.

Doch trotz solcher Unvermeidbarkeiten ist und bleibt die Watfischerei die sicherste und spannendste Methode, sich einem Fisch zu nähern. Wie wenig Schaden sie im Grunde genommen anrichtet, beweisen jene Äschen, die sich schon nach kurzer Zeit im Kielwasser des

Die Präsentation der Trockenfliege

Formel zur Errechnung des Abstandes der Schenkel des toten Winkels:

$\boxed{X = 0{,}1763 \times E_2}$ (Tangens 10° x Entfernung E_2 vom Brechpunkt)

z.B. $E_2 = 12{,}50$ m
$X = 0{,}1763 \times 12{,}5$ m $= 2{,}20$ m Abstand

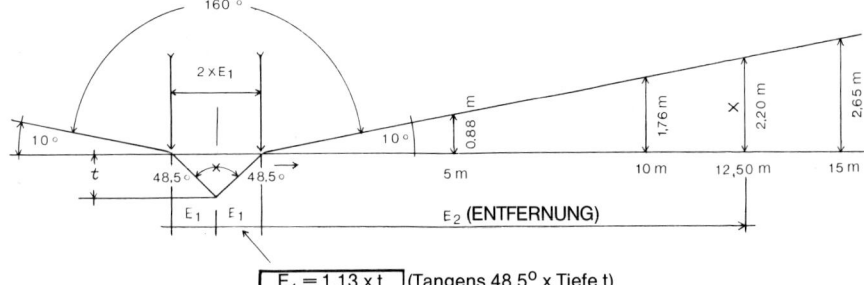

$\boxed{E_1 = 1{,}13 \times t}$ (Tangens 48,5° x Tiefe t)
Formel zur Errechnung des Brechpunktes, bzw. des Halbmessers des Sichtfensters:
Beispiele: Tiefe t 0,50 m $E_1 = 1{,}13 \times 0{,}50$ m $= 0{,}57$ m
Tiefe t 1,00 m $E_1 = 1{,}13 \times 1{,}00$ m $= 1{,}13$ m
Tiefe t 1,50 m $E_1 = 1{,}13 \times 1{,}50$ m $= 1{,}70$ m
Tiefe t 2,00 m $E_1 = 1{,}13 \times 2{,}00$ m $= 2{,}26$ m

Abb. 23

ruhig fischenden Anglers postieren und in seinem Strömungsschatten höchst unbefangen nach Insekten aufgehen. So nahe, daß man sie mit der Rute, ja manchmal mit der Hand berühren könnte. Diese paradiesische Vertrautheit des Tieres, die manchmal etwas Rührendes an sich hat, ist jedem gestandenen Äschenfischer bekannt. War es doch gerade diese Verhaltensweise, die seine Einstellung zu der sanften Fahnenträgerin mitgeprägt hat.

Die Präsentation querab

Meistens werden die Trockenfliegen querab zur Strömung angeboten. Unter normalen Umständen ist das auch die einfachste Methode. Der Angler steht inmitten eines Gewässers und fischt zu den Rändern hin. Hierbei läuft er kaum Gefahr, beim Rückschwung irgendeinen Halm oder Ast mit dem Haken zu fangen. Berührt einmal die Fliege, was besonders bei kurzen Ruten leicht vorkommt, hinterrücks das Wasser, dann ist das zwar kein schönes Gefühl, schaden tut's dem

Die Präsentation querab

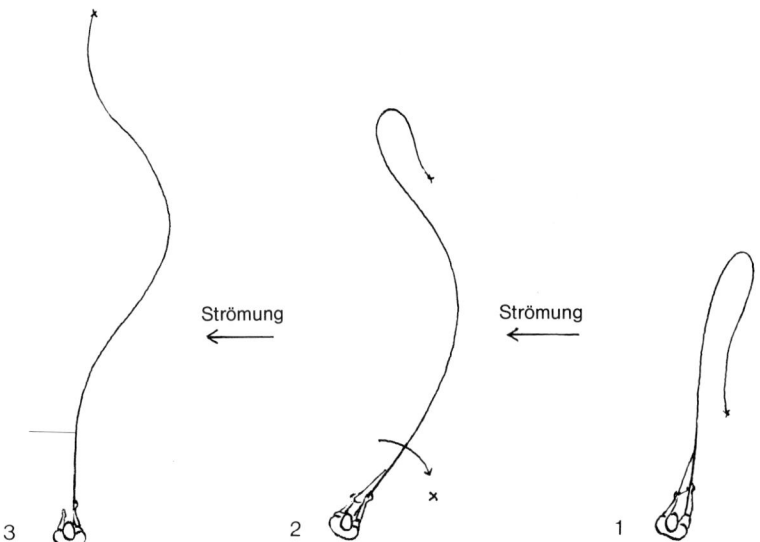

Abb. 24. Der Bogenwurf. 1: Die Leine schießt heraus. 2: Währenddessen macht die Rutenspitze einen Schlenker gegen die Strömungsrichtung. 3: Dadurch hat sich die Leine bogenförmig aufs Wasser gelegt; die Strömung greift also zunächst in den Bogen und nicht in die Fliege

Vorhaben aber nicht im geringsten. Auch wenn vom Ufer zur Flußmitte oder gar zum jenseitigen Ufer hin gefischt werden soll, ist der Querabwurf das beliebteste und einfachste Mittel.

Was ihn jedoch bei unkundigen Werfern schnell unwirksam macht, das ist das baldige Dreggen der Fliege. Denn meist schon greift die Strömung nach wenigen Flußmetern in Leine und Vorfach, und die Fliege beginnt, noch ehe sie dem Fisch wirksam in Erscheinung treten konnte, brutal das Wasser zu pflügen. Äsche und Forelle, die vielleicht schon auf dem Weg zu ihr waren, wird diese augenfällige Schlitterpartie garantiert um den Appetit bringen.

Solch fischvergrämende Ärgernisse erspart sich der Fischer mit Hilfe des Bogenwurfes (Abb. 24), der es ermöglicht, eine gewisse Reserve in Form eines dickbauchigen Schnurbogens stromauf zu legen, so daß die Strömung zunächst diesen Vorrat absorbieren muß, ehe sie auf die Fliege einzuwirken beginnt. Das genügt in der Regel, um die Fliege korrekt in das Gesichtsfeld des Fisches gelangen zu lassen.

Neben dem soeben beschriebenen Bogenwurf kommt noch der *zurückgestoppte Wurf querab* in Frage. Und das geht so vor sich: Neh-

Die Präsentation der Trockenfliege

men wir an, wir haben die Leine quer über einen bestimmten Flußabschnitt gelegt. Die Strömung kommt von links. Eine gewisse Reserve liegt zu unseren Füßen oder schwimmt, wenn wir waten, auf dem Wasser. Unmittelbar nach dem Ablegen gibt die Schnurhand einen Teil dieser Reserve zusätzlich auf das Wasser, indem wir mit der Rutenspitze einen waagerechten Bogen nach links beschreiben und die so durch den Spitzenring gezogene Leine mit der Rückhand nach vorn auf das Wasser schwippen. Vor der Gertenspitze, die wieder in Richtung Fliege zeigt, schwimmen jetzt etwa zusätzliche zwei Meter Leine. Diese Reserve muß die Strömung erst abtragen, ehe die Fliege zu dreggen beginnt.

Kommt die Strömung von rechts, benutzen wir den gleichen Trick in die entgegengesetzte Richtung, nur daß wir jetzt die Vorhand einsetzen. Der zurückgestoppte Wurf kann übrigens auch beim Stromabfischen angewendet werden und es somit um eine weitere Variante bereichern.

Besonders beim Querabfischen können z. B. Bäume und Felsen den Rückschwung behindern. Steht der Fischer nicht zu arg mit dem ‚Rücken zur Wand', dann kann er sich des sogenannten *Hochwurfes* bedienen. Dabei wird die Rute während des Werfens hoch nach hinten geführt und übertrieben früh, so etwa bei 11 Uhr, abgestoppt. Der Vorschwung muß nach vorn etwas abkippen. Jetzt ist erreicht, daß die Fliege hoch über die hinter dem Werfer lauernden Hindernisse geführt wird, ohne sie zu berühren.

Erweisen sich diese Hindernisse für einen hochgezogenen Wurf als zu groß, dann hilft letztlich nur noch *der Rollwurf*. Er birgt aber den Nachteil, die Fliege nicht ganz so zart aufs Wasser zu setzen, wie es wünschenswert wäre. Jedoch mit einiger Übung und einem vorverlegten Aufsetzpunkt der Trockenfliege lassen sich diese Nachteile bedeutend abschwächen.

Für den Rollwurf ziehen wir etwa 5 bis 7 m Leine aus dem Spitzenring und bringen sie vor uns auf das Wasser. Jetzt hebt man die Rute, in der 1-Uhr-Stellung, in Höhe der Schulter (Abb. 25, Fig. 1) und schlägt sie kräftig nach vorn in die 10-Uhr-Stellung, wobei die Schnurhand das Ganze noch zusätzlich mit einem kurzen Ruck nach unten reißt (Fig. 2 und 3). Während wir abschließend die Rute zum Wasser senken, läuft ein Bogen durch Leine und Vorfach bis vorn zur Fliege hin, und bei glücklichem Abschluß liegt die ganze Länge schön gestreckt auf dem Wasser. Reicht die Entfernung noch nicht aus, kann man den Rollwurf wiederholen. Abschließend kann man mit

Tafel 9. Da drüben stieg eine Gute!

Die Präsentation der Trockenfliege

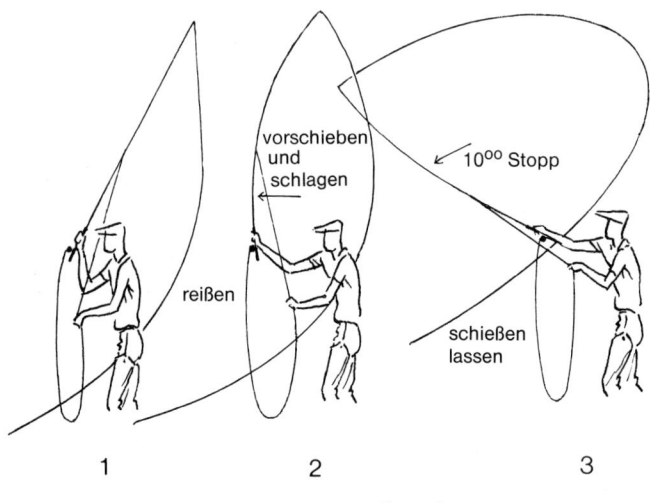

Abb. 25. Der Rollwurf

Hilfe des zurückgestoppten Wurfes für ein einwandfreies Abtreiben der Fliege sorgen. Sieht der Angler einen Fisch steigen, dann sollte er in Ruhe Augenmaß nehmen und sich genau überlegen, wohin die Fliege zu plazieren wäre. Gewalt- oder Überraschungsschocks sollten nur in Ausnahmefällen erfolgen, soweit die plötzlich in nächster Nähe aufsetzende Trockenfliege pure Gier, aber keinen Schreck auslöst. Eine einklatschende Wurfleine samt Vorfach darf diesen Effekt nicht zerstören.

Demnach muß eine flachstehende Forelle bedeutend präziser und vorsichtiger angeworfen werden als eine Äsche, die in ungefähr zwei Metern Tiefe am Grunde lauert, wobei ihr Sichtfenster immerhin einen Durchmesser von gut zwei Metern hat. Im letztgenannten Fall darf dennoch nicht allzu sorglos am Wasser hantiert werden. Besonders an einem sehr klaren Gewässer mit überdurchschnittlich empfindlichen Bewohnern wäre es anzuraten, sich in mehreren Versuchen mit der Trockenfliege nach und nach in das Sichtfenster des ausgewählten Fisches hineinzutasten. Vor allem, wenn man nicht genau weiß, ob es sich um eine steigende Forelle, eine Äsche oder gar um einen streunenden Döbel handelt. Die Fliege soll immer weit oberhalb der kritischen Zone aufsetzen und zunächst dicht an der Grenze des (gedachten) Sichtfensters vorbeigeführt werden. Erst mit den nach-

Die Präsentation querab

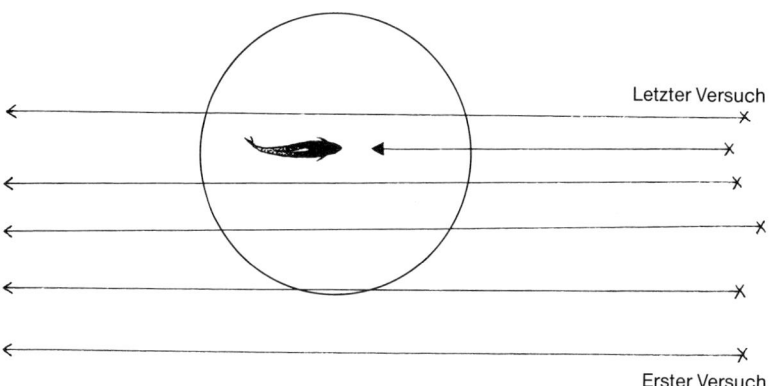

Abb. 26. Die Fliegenführung bei besonders mißtrauischen Fischen. Der Aufsetzpunkt der Trockenfliege (×) wird in angemessener Entfernung vom gedachten Sichtfenster des Fisches festgelegt. Mit mehreren Versuchen tastet man sich zur Mitte vor; der letzte Versuch führt in die gegenüberliegende Hälfte des Sichtfensters

folgenden Würfen dringt der Werfer immer mehr zur Mitte vor (Abb. 26). Sollte der Fisch auf die herantreibende Trockenfliege keinerlei Reaktion gezeigt haben, muß man versuchen, die Fliege in die andere Hälfte des Sichtfensters treiben zu lassen (Abb. 26, letzter Versuch), da manche Fische einseitig orientiert sind und anscheinend nur einäugig wahrnehmen. Diese Taktik ist allerdings kein Standard.

Zu den Eigenarten unserer schönen Fahnenträgerin gehört es, daß sie Futter, das mehr als einen Meter seitlich an ihr vorbeitreibt, nicht zur Kenntnis nimmt. Der Angler wird für sie die Fliege immer in eine Art schmalen Korridor führen müssen. Bei Forellen und Bachsaiblingen hingegen besteht mit Sicherheit die Aussicht, daß sie sich noch auf Nahrung stürzen, die außerhalb ihres Sichtfensters, aber durch die Druckmuster im Spiegelbild der Wasseroberfläche deutlich sichtbar, seitlich an ihnen vorüberzieht. Diesen Spezies entgeht, sofern es nur die Verhältnisse zulassen, nicht das dünnste Insektenbein, der zarteste Schwanzfaden, die spektakulärste Hechel.

Die Präsentation der Trockenfliege

Die Präsentation stromauf

Das Stromauffischen mit der Trockenfliege stellt eine der reizvollsten Techniken dar. Sie verlangt jedoch auch eine sichere Beherrschung des Gerätes und eignet sich hauptsächlich für nicht allzu schnell strömende Gewässer. Denn wo dem Fischer das Wasser geschwinder als mit 1 m/s entgegenrauscht, da wird's schwierig stromauf zu fischen, und bei 0,8 m/s ist auch Könnern die Grenze gesetzt. Die Uferpartien weisen hier in der Regel eine gemäßigtere Strömung auf und eignen sich deshalb besser fürs Stromauffischen.

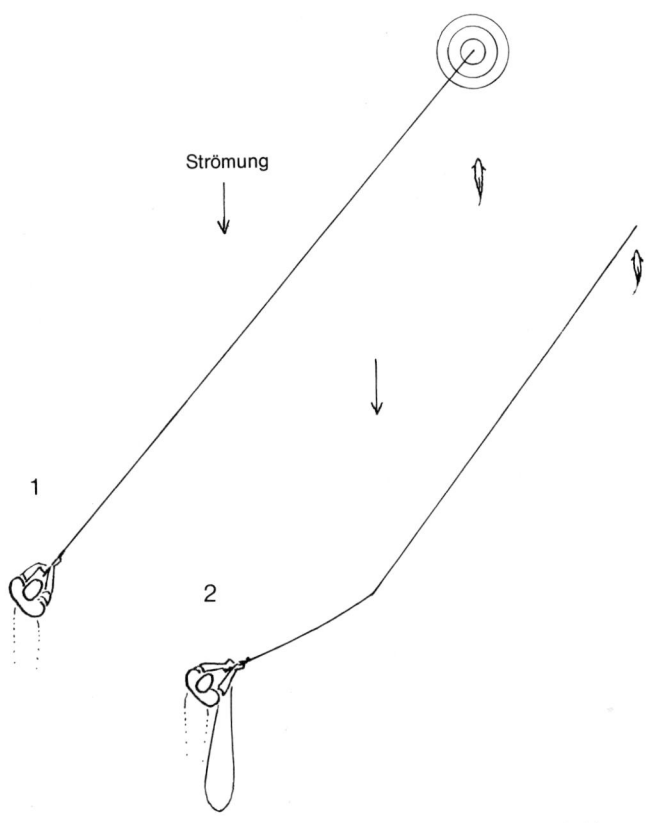

Abb. 27. Die Fliege hat vor dem Fisch aufgesetzt, Rute und Leine bilden eine Gerade. 2: Die Fliege ist unmittelbar vor dem Fisch, gleich wird er zufassen. Rute und Leine bilden einen stumpfen Winkel; die eingeholte Leine treibt hinter dem Angler ab

Die Präsentation stromauf

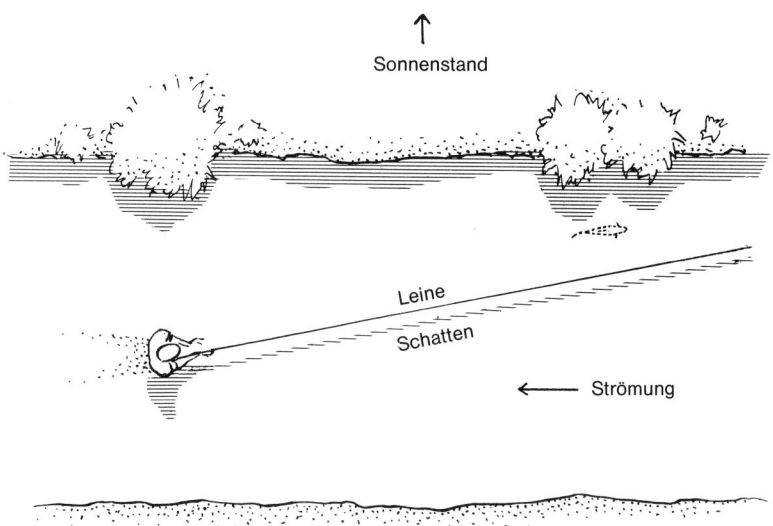

Abb. 28. So wird beim Stromauffischen der Sonneneinfall beachtet

Ein direktes Überwerfen mit der Schwimmschnur werden allerdings nur tiefer stehende Fische vertragen. Nahrungsaktive Fische, z. B. Forellen, die dicht unter der Oberfläche lauern, werden, selbst wenn sie in Begegnungen mit dem Fischer weniger erfahren sind, ein *direktes* Stromauffischen mit sofortiger Flucht quittieren. Denn einmal muß die einfallende Leine wie ein Hammerschlag auf ihre Seitenlinien wirken. Zum anderen kommt noch der leicht einprägsame Anblick der zurückschwimmenden Leine hinzu. Diese Nachteile lassen sich durch *schräg* Stromaufwerfen abschwächen. Beim Schrägstromaufwurf bekommt der Fisch meist nur den vorderen Teil der Vorfachspitze zu Gesicht, der Rest läuft weniger aufdringlich aus dem Sichtfenster hinaus (Abb. 27).

Beim Stromauffischen sollte der Lichteinfall bei Sonnenschein und klarem Wasser ganz besonders berücksichtigt werden, denn wo ihn der Schnurschatten trifft, da reagiert der Fisch meist sehr empfindlich. Der Fliegenfischer sollte die Trockene also so präsentieren, daß der Fisch sich immer zwischen Sonne und Leine befindet (Abb. 28).

Je schneller die Strömung ist, um so kürzer muß die Distanz sein, auf der gefischt wird. Um hierbei ohne Krawall die Leine für einen neuen Wurf aufzunehmen, bietet sich ein ‚rollwurfähnliches' Abhe-

Die Präsentation der Trockenfliege

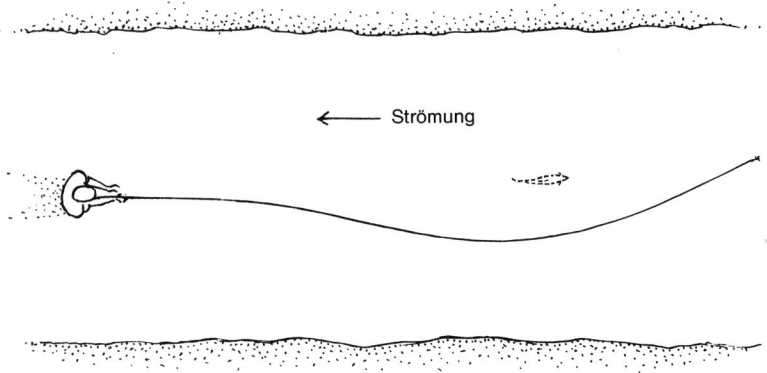

Abb. 29. Das Stromauffischen mit Hilfe des Bogenwurfes: auch hier bekommt der Fisch die Wurfleine nicht zu Gesicht

ben der Schnur an. Bei ruhig dahinströmendem Wasser kann aber auch, sofern die Umstände dafür sprechen, auf einen Schrägstromaufwurf verzichtet werden. Denn auch mit Hilfe des Bogenwurfes läßt sich die Fliege unauffällig präsentieren (Abb. 29).

Es ist übrigens bei allen Präsentationsarten, außer beim Stromaufwurf, nicht zu empfehlen, stets mit schulmäßig gestrecktem Vorfach und schnurgerade abgelegter Leine zu fischen. Die jeweils richtige Dosis von Wellen und Bäuchen in beiden Bereichen gewährleistet fast immer ein von Dreggen weitgehend verschont bleibendes Abdriften der Fliege. Und weil, wie schon erwähnt, stromauf möglichst mit kurzer Leine gefischt werden soll, genügt hierbei auch schon ein gebauschtes Vorfach. Das ist beim letzten Vorschwung, noch in der Luft, durch einen kurzen, ruckartigen Stopp zu erreichen, der Fliege und Vorfach etwas zurückprellen läßt.

Besonderer Aufmerksamkeit bedarf beim Stromauffischen der Anhieb. Je schneller das Wasser, um so tiefer muß die Rute gehalten werden. Gerade hier haben weniger Geübte große Schwierigkeiten, weil die zurücktreibende Leine eingeholt werden muß. Man sollte dies zuvor an gemäßigteren Strecken üben, denn beginnt sich die Leine erst einmal vor dem Spitzenring zu bauschen, dann verpufft der Anhieb meist ins Leere. Darum muß die Leine, sobald sie aufs Wasser gefallen ist, über den Zeigefinger der rutenhaltenden Hand gehängt und flugs mit der Linken wieder eingeholt werden (Abb. 30). Das Einholtempo muß der Strömungsgeschwindigkeit angepaßt bleiben. Bei plötzli-

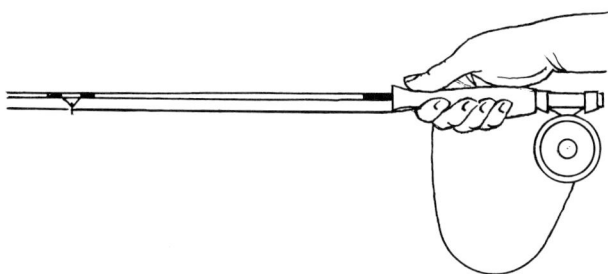

Abb. 30. So wird die Wurfleine über den Zeigefinger gehängt

chem Anbiß und Anhieb drückt der Zeigefinger die Leine gegen den Rutengriff. Die eingeholte Leine, beim Einholen oder beim Drill, läßt der Fischer sofort auf das Wasser fallen und hinter sich abtreiben. Bei einem neuen Wurf wird die hinter dem Angler auf dem Wasser treibende Schnur ohne Schwierigkeiten wieder durch die Rutenringe gezogen.

Pocket Waters

Die Stromauffischerei mit ihren Varianten bietet sich besonders bei sogenannten ‚Pocket Waters' an, weil hierbei der Fisch den nahestehenden Angler weniger gut sieht. Pockets (= Taschen) sind kleine, größtenteils unter Wasser liegende Einwölbungen oder wannenähnliche Mulden inmitten einer schnelldahinströmenden, mit Steinen und Felsen durchsetzten Flußstrecke. Die meisten Fischer meiden diese Abschnitte, weil sie ihnen zu schwierig sind oder weil sie meinen, dort befänden sich keine Fische. Somit entgehen ihnen auch die Pockets mit all ihren Möglichkeiten. Der Kenner jedoch hat längst einen Blick dafür entwickelt, denn hier befinden sich meistens Fische, die auch steigen, wenn anderswo nichts los ist. Sie nehmen schnell die Fliege, ohne sie erst besonders zu studieren, und sie stürzen sich überhaupt auf alles, was ihnen freßbar erscheint. Es sei denn, es entginge ihren Augen. Die Fliegen sollten hier groß und buschig sein.

Man muß wissen, daß schnelle Strecken mit reichem Larvenvorkommen gesegnet sind. Zwischen den Steinen am Grund, ständig von sauerstoffangereichertem Wasser umspült, haust eine artenreiche Kleintierfauna, aus der besonders die großvolumigen Steinklammerer-Nymphen sowie Köcher- und Steinfliegenlarven hervorstechen.

Die Präsentation der Trockenfliege

Die Fische lauern auch nur darauf, daß diese Tierchen zum Schlüpfen aufsteigen oder in Richtung Ufer kriechen. Die oberen Wasserschichten strömen manchmal rasend schnell, unten am Boden, besonders in den Pockets, läßt es sich aber ganz gemütlich leben, denn hier wird der Wasserschub drastisch gebremst. Es ist also eine weitverbreitete irrige Ansicht, in schnellen, ja oftmals reißenden Flußstrecken ständen keine größeren Fische.

Diese Abschnitte verlangen gewöhnlich eine ganz spezielle Präsentationstechnik. Es wird mit kurzer, ja manchmal extrem kurzer Leine und relativ längerem Vorfach (bis zu 3 m) gefischt. Dabei hält der Angler mit sehr hoch erhobenem Arm die Rute schräg gen Himmel. Dadurch erreicht er, daß nur wenig Schnur auf dem Wasser liegt und somit der Strömung wenig Angriffsfläche bietet. Das längere, leicht schlangenförmig auf dem Wasser treibende Vorfach kann ziemlich frei abdriften. Ein Dreggen der Fliege ist jetzt weitgehend ausgeschlossen.

Die Präsentation stromab

Der erfahrene Fliegenfischer wird die Notwendigkeit dieser unverdächtigsten, aber auch heikelsten aller Präsentations-Techniken bereits dann erkennen und sie anwenden, bevor er sich mit anderen, weniger sicheren Methoden versucht. Wenn er sich nicht immer dazu entschließen kann, so hat das, die örtlichen Voraussetzungen mit einbezogen, folgende Gründe: 1. Der Fisch blickt in Richtung des Fischers, wird sein rutenschwingendes Gegenüber also leichter erkennen als bei jeder anderen Art der Fliegenführung; 2. beim Fischen und Waten flußabwärts wird immer irgend etwas wie Mulm, Sand, kleine Steinchen, Nahrung (!) aufgewirbelt, das Verdacht erregen könnte; 3. der Fliegenhaken faßt beim Anschlag nicht so sicher wie von der Seite oder gar von hinten. Darüber hinaus ist der Charakter des zu befischenden Gewässerabschnitts entscheidend. Handelt es sich um eine ruhig dahinfließende Strecke mit vollkommen glatter Oberfläche, dann ist äußerste Vorsicht geboten, um nicht ins Blickfeld der Fische zu geraten. Kristallklares Wasser, hoher Sonnenstand und permanente Windstille erschweren das Vorhaben noch zusätzlich. Sofern nichts dagegen spricht, wird sich der versierte Fliegenfischer in Beherrschung üben und eine günstigere Tageszeit, in der Regel den Abend, abwarten.

Aber auch jetzt schützt ihn nicht allzuviel vor den mißtrauischen Blicken aus dämmriger Tiefe, es sei denn, es wird Nacht. In dieser Situation wäre es nützlich, sich das wenige Seiten zuvor Gelesene über das Sehvermögen der Fische in Erinnerung zu rufen. Die meist übliche Forderung nach gedeckter Kleidung vor deckendem Hintergrund darf getrost vergessen werden. Der Fischer sollte vielmehr bemüht sein, den ausgemachten Fisch aus dem Schatten des toten 10-Grad-Winkels zu befischen (s. nochmals Abb. 22). Ebenso muß er darauf achten, daß auch die hin- und hersausende Flugleine unentdeckt bleibt.

Der Angler wird also eine sichere Distanz zwischen sich und dem steigenden Fisch zu bringen trachten. Beim Werfen führt er die Leine dicht über den Wasserspiegel oder setzt den Wurf vorn tief an, wodurch die Leine etwas nach hinten ansteigt. Bei kurzen Ruten, und bei langen erst recht, ist der Seitenwurf noch immer das sicherste Mittel. Sind etwa 10 Meter ausgespielt, läßt der Fischer, selbst wenn zwischen Fliege und Fisch noch eine beträchtliche Spanne liegt, Leine, Vorfach und Fliege so sanft wie möglich aufs Wasser fallen und auf das Ziel zutreiben. Damit dies ungehindert und ohne zu dreggen vor sich geht, wird ein Trick angewendet: Mit der Fließgeschwindigkeit des Wassers werden mit der Schnurhand zusätzliche Längen von der Rolle gezogen und durch Heben und Senken der Rute aus dem Spitzenring gebracht. Die abdriftende Leine hilft dabei mit. Keine Angst, daß sich die Bewegungen auf die forttreibende Fliege übertragen! Der Zeigefinger der rutenhaltenden Hand kontrolliert das Manöver und preßt die ablaufende Schnur bei plötzlichem Biß und Anhieb bremsend gegen den Griff. Mit dieser Methode können im Extremfall Fische in bis zu 30 m Entfernung erreicht werden. Das Problem solcher Distanzfischerei liegt allein in der Unsicherheit eines wirksamen Anhiebs. Ganz gewiß ist bei solchen Aktionen auf kurze, rückgratstarke Ruten der größere Verlaß.

Bei turbulenten, munter dahinwirbelnden Wassern, die gegebenenfalls noch eine Fliegenführung unter der Rutenspitze gestatten würden, gestaltet sich das Fischen manchmal kaum problemloser. Eigentlich dürfte die grazile Trockenfliege gar nicht aus dem Blick verloren werden. Geschieht's dennoch, dann versteht es der Routinier ohne Schwierigkeit, ein behende flußabwärts schwindendes Umfeld, in dessen Mittelpunkt sich aller Wahrscheinlichkeit nach die außer Sichtkontrolle geratene Trockenfliege befindet, mit den Augen zu verfolgen. Solches Talent, das nur in jahrelanger Praxis erworben

Die Präsentation der Trockenfliege

werden kann, befähigt ihn sogar dazu, noch den zarten, tropfenähnlichen Biß einer Äsche im Inferno einer kochenden Klamm wahrzunehmen. Der Adept aber, dem Kundigen zur Seite gestellt, wird von alledem nur die plötzlich krummgespannte Rute und den in schäumender Gischt kämpfenden Fisch wahrnehmen können.

Auch an Strecken mit mittlerer Fließgeschwindigkeit und mäßig verzerrter Wasseroberfläche bringt das Stromabfischen den wesentlichen Vorteil, daß der Fisch zunächst die Fliege zu Gesicht bekommt. Erst später folgen Vorfach und Leine nach. Kaum eine andere Wahl als die stromab geführte Fliege aber lassen uns die kleinen und kleinsten Bäche. Es sei denn, die Fische sind so unempfindlich, daß sie sich ohne weiteres mit der Leine überwerfen lassen, was hier den ebenfalls sehr interessanten Stromaufwurf gestatten würde.

Eine ständige Gefahr jedoch sind in so beengten Revieren die verräterisch aufwirbelnden Wolken abgelagerten Grundschlamms, der nicht allein in abwasserbelasteten Zonen zu finden ist. Allerdings bleibt zwar immer noch die Ausweichmöglichkeit der Uferfischerei unter Ausnutzung einer jeden nur möglichen Deckung.

Genußvoller aber gestaltet sich auch hier die Watfischerei, sofern es die Gegebenheiten zulassen. Dazu zählt ein einigermaßen festes und trittsicheres Bachbett. Auf allzu große Wurfweiten braucht sich der Fischer hier nicht einzurichten. Meist kommt er mit sechs bis

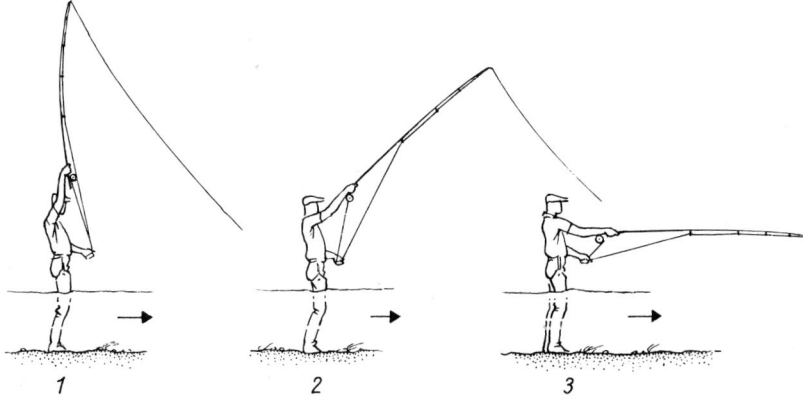

Abb. 31. Stromabfischen: 1: Grundstellung, nachdem die Leine aufs Wasser gebracht worden ist. 2: Mit der Strömungsgeschwindigkeit senkt sich die Rutenspitze. 3: Abschluß dieser Wurfvariante und möglicher Übergang zum weiteren Abtreibenlassen der Fliege

zwölf Metern aus, bringt eine gewisse Länge Schnur in die Luft, setzt den letzten Vorschwung recht sanft an und nimmt, während die Leine nach vorne ausrollt, die Rute mit hochgestrecktem Arm gefühlvoll in die 12-Uhr-Stellung zurück. Ist die Leine auf dem Wasser abgelegt, folgt er der abtreibenden Fliege, indem er die Rutenspitze in ihre Richtung senkt (Abb. 31). Mit längeren Ruten lassen sich ein paar Bachmeter zusätzlich abfischen.

Diese Methode läßt sich selbstverständlich mit gleich guten Aussichten an jedem nur denkbaren Fließgewässer, sofern es sich für die Trockenfliege eignet, anwenden, wobei auf jede nur mögliche Distanz gefischt werden kann. Ist die Rute bis aufs Wasser gesenkt und die Fliege will zu dreggen beginnen, nimmt der Fischer die Leine wieder auf, watet, die Fliege mit Vor- und Rückschwüngen in der Luft trocknend, etwas vor und fischt den anschließenden Gewässerabschnitt aus. Dieses Verfahren gehört zu den effektivsten Techniken des Trockenfischens, setzt aber gekonntes Werfen und äußerste Konzentration voraus.

Das Aufnehmen der Leine

Zu einem neuen Wurf muß das Aufnehmen der Leine so unverdächtig wie möglich vonstatten gehen. Denn daß die Fische in der Lage sind, aus schlechten Erfahrungen zu lernen und sich dementsprechend zu verhalten, ist in diesem Buch schon mehrmals deutlich gesagt worden. Daher ist es nur logisch, daß der Flugangler alles, was auch nur den geringsten Verdacht erregen und einen Hinweis auf seine Gegenwart geben könnte, mit größter Sorgfalt zu vermeiden trachtet. Gerade bei der Präsentation der Trockenfliege kann er sich gar nicht vorsichtig genug verhalten. Das gilt vor allem für das Aufnehmen der Leine zu einem neuen Wurf.

Beim Stromauffischen, bei dem die Leine ja von selbst aus dem Gesichtskreis des Fisches wieder herausgetrieben wird, entfällt diese Vorsicht. Doch besonders beim Stromabfischen, wenn der Anbiß ausgeblieben ist, besteht die Gefahr des Verschreckens, wenn die Leine in unmittelbarer Nähe des Fisches aus dem Wasser gerissen wird. Darum sollte der Angler, wenn der Zugriff auf die Fliege unterblieb, die Leine langsam aus dem Gesichtskreis des Fisches heraustreiben lassen. Das kostet ein bißchen Zeit, der Aufwand lohnt sich aber. Dazu watet der Fischer, wenn es möglich ist, ein paar Schritte nach

Die Präsentation der Trockenfliege

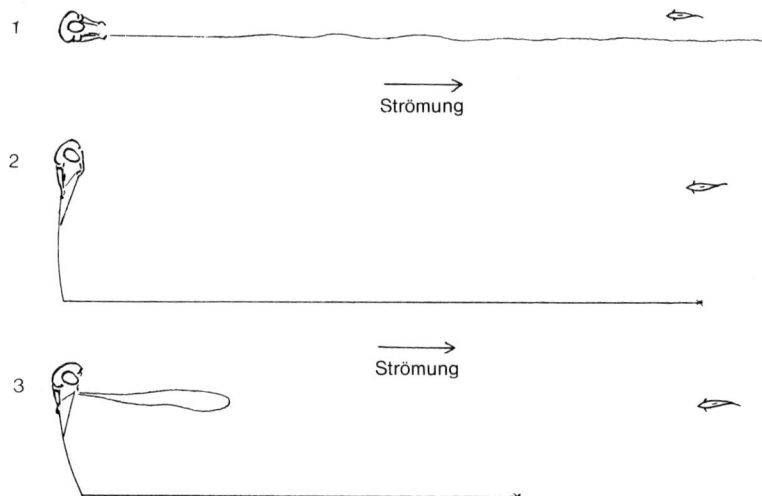

Abb. 32. Das Aufnehmen der Leine beim Stromabfischen zu einem neuen Wurf: 1: Die Fliege ist an dem Fisch vorbeigetrieben, ohne daß er gebissen hat. 2: Die Rute wird fast rechtwinklig zur Leine genommen; zusätzlich kann man noch etwas seitwärts waten. 3: Ein paar Meter Leine sind außerdem eingeholt worden, die jetzt stromab treiben. Leine und Fliege können jetzt zu einem neuen Wurf aufgenommen werden, ohne daß der Fisch beunruhigt wird

rechts oder links und hält die Rute fast rechtwinklig zur Leine (Abb. 32). Ist die Leine aus der Nähe des Fisches fortgetrieben, wird sie vorsichtshalber noch ein paar Meter eingeholt, bis der Fischer ganz sicher ist, eine neue Präsentation vorbereiten zu können, ohne Verdacht zu erregen. Ohne diese Sorgfalt muß er damit rechnen, daß der Fisch gewarnt ist und schlimmstenfalls die Flucht ergreift. Die gleiche Rücksichtnahme gilt für die Fischerei querab zur Strömung. Es ist allemal besser, die Trockenfliege weit hinter den Fisch abtreiben zu lassen, bevor sie wieder zum Wurf aufgenommen wird.

Der Fallschirmwurf

Der Fallschirmwurf kann, außer stromauf, in alle Strömungsrichtungen angewendet werden. Beim Stromabfischen, vor allem beim Querstromabfischen, lassen sich jedoch mit seiner Hilfe die unterschiedlichsten Strömungsgeschwindigkeiten, die innerhalb der beabsichtigten Wurfdistanz vorherrschen können, ausgleichen. Dies gilt ebenso, wenn die Fische, von einer starken Strömung umgeben, im ruhigen Kehrwasser stehen. Der Werfer bringt zunächst eine abgemessene Länge Leine in die Luft und wirft sie nach vorn aufwärts. Beim letzten Vorschwung bremst er die Rute zwischen 11 Uhr und 12 Uhr ab und zieht sie mit Gefühl in die 1-Uhr-Stellung zurück. In dieser Stellung, die Rutenspitze also nach oben gerichtet, senkt er den Rutengriff zum Wasser hin. Auf diese Weise, weich abgestoppt, sinkt die Leine, in sich zusammenfallend, in sanften Wellen aufs Wasser. Diese schwache Reserve, die das Wasser schnell strecken würde, wird dadurch noch verstärkt, daß der Fischer sofort nach dem Aufsetzen der Leine die Rute von der senkrechten in die waagerechte 9-Uhr-Stellung bringt und somit für einen zusätzlichen Vorrat sorgt, der, ehe er von der Strömung absorbiert ist, eine ungestörte Schwimmlage der Trockenfliege ermöglicht.

Der Schlangenwurf

Wo der Fallschirmwurf aus irgendwelchen Gründen nicht angewendet werden kann, bietet sich der Schlangenwurf an. Der Trockenfischer kann sich seiner auch beim Querabfischen bedienen. Die meisten Probleme löst der Wurf jedoch beim Stromabfischen. Es gibt ja überhaupt kein Gewässer, das über die ganze Breite von Ufer zu Ufer eine gleichmäßige Strömung aufweist. Die schulmäßig gerade auf dem Wasser abgelegte Leine würde also die Fliege unmittelbar nach dem Aufsetzen zum Dreggen bringen. Reichte wahrscheinlich bei einer sehr nahrungsaktiven Forelle eine kurze Aufsetzdistanz zum Fisch gerade noch aus, so würde dies bei einer grundtief stehenden Äsche nicht mehr der Fall sein. Der Schlangenwurf hilft nun, dieses frühzeitige Dreggen auszuschalten.

Zunächst wird mit Luftwürfen wie auch beim Fallschirmwurf die Entfernung abgemessen und ein weiterer Meter einkalkuliert. Der letzte Vorschwung geht sehr kräftig vor sich. Dann läßt der Werfer, etwas höher anvisiert, die Fliege auf das Ziel zusausen. Während des Schießenlassens werden schnelle, kurze Wedelbewegungen mit der Rutenspitze vorgenommen. Dadurch entstehen ebenfalls in der Leine Wellen bis nach vorn zum Vorfach hin. Ist der Wurf gelungen, liegt die Leine in Schlangenlinien auf dem Wasser (Abb. 33).

Die Präsentation der Trockenfliege

Abb. 33. Der Schlangenwurf

Abschließend noch ein paar zusätzliche Empfehlungen zu den Präsentationstechniken.

Man sollte stets bemüht sein, so wenig wie möglich in das Blickfeld des Fisches zu gelangen. Wenn er nahrungsaktiv ist, dann ist er meist weniger empfindlich und kümmert sich, rückt man ihm nicht allzu nahe, kaum um den für ihn ganz bestimmt sehr deutlich sichtbaren Fliegenfischer. Aber schon bei der geringsten Sättigung kann dieses Pflegma in äußerste Empfindlichkeit umschlagen.

Die Trockenfliege sollte stets ungehindert von Vorfach und Leine abtreiben könnnen.

Wenn möglich, niemals einen Fisch überwerfen, es sei denn, das Wasser ist leicht trüb oder er steht, wie z. B. die Äsche, sehr tief am Grund. Beim Anbieten der Fliege stets den individuellen Gewohnheiten der jeweiligen Fischart Rechnung tragen. Zum Beispiel bei der Äsche eine ausreichende Vorlage unter Berechnung des Korridors (s. Kapitel ‚Die Steiggewohnheiten unserer Fische') einkalkulieren. Bei Forellen kann unter Umständen auch auf den Ring geworfen werden. Der erste, gleich geglückte Wurf verspricht am ehesten Erfolg.

Bei Angelbeginn stets die in der Nähe ausgemachten Fische anwerfen, dann erst sich den weiter entfernten widmen.

Niemals einen Schatten über den Fisch fallen lassen.

Die Steiggewohnheiten unserer Fische

Die Gepflogenheiten, mit denen unsere interessantesten Fische nach der Fliege bzw. nach ihrer natürlichen Nahrung steigen, sind weitgehend artspezifisch. Forelle und Äsche zeigen dabei das unterschiedlichste Verhalten. Außerdem spielen noch das bodenständige Nahrungsangebot, die Jahreszeit sowie die vielfältigen Erscheinungsbilder der Gewässer eine wesentliche Rolle. Im Grunde jedoch bleibt die Manier des Steigens einer bestimmten Fischart immer die gleiche und somit auch das Steigverhalten des einzelnen Fisches dieser Spezies weitgehend berechenbar. Darum ist es gut zu wissen, wie sich ein Fisch dieser oder jener Art verhält oder, besser gesagt, verhalten könnte. Denn dieses Wissen bestimmt Technik und Taktik unseres Vorgehens.

In diesem Kapitel werden die Eigenarten jener Fische behandelt, denen mit der Trockenfliege am meisten nachgestellt wird. Sie allein sind das Ziel unserer Passion und uns im Laufe der Jahre darüber längst zu lieben Vertrauten geworden. Doch wird – glücklicherweise – niemand behaupten wollen, daß sie dem Fischer deswegen schon keine Rätsel mehr aufgäben.

Die Bachforelle

Die Bachforelle (*Salmo trutta* forma *fario*) ist einer der schönsten Süßwasserfische und wird an Buntheit ihres Schuppenkleides von kaum einer anderen Art übertroffen. Preist der eine dieses attraktive Erscheinungsbild, so lobt der andere mehr ihren kulinarischen Wert. Dem Vollblutfliegenfischer jedoch kommt es, ohne daß er das eine oder andere aus dem Auge verliert, vor allem auf ihre sportfischereilichen wie charakterlichen Qualitäten an. Mit der Bachforelle, ja fast allein nur mit ihr, ist die Historie des Flugangelns untrennbar verbunden, und auch nur ihr zuliebe wurde das Fliegenfischen derart kultiviert und verfeinert, daß das Schrifttum, das ihr gewidmet ist, Bibliotheken füllt.

Die Steiggewohnheiten unserer Fische

Sie hat viele Autoren zu überschwenglichsten Lobliedern inspiriert, und es gibt heute noch Angler, für die nur ein einziger Fisch zählt: nämlich die Bachforelle. Aber auch ohne diesen sportlichen Stellenwert ist diese Salmonidenart im Jäger-, Fischer- und Sammlerdasein des Menschen eines der geschätztesten Beuteobjekte seit altersher. Liegt sie erschöpft vor dem Fänger im Moose: Durch ihre Schönheit fasziniert sie immer wieder aufs neue. Jeder dieser Fische ist eine Einmaligkeit. Keiner gleicht dem anderen, jeder ist beispiellos in Zeichnung und Färbung. Das gilt für die silbern schimmernden Arten der alpinen Regionen bis hinab zu den gewichtigen braungoldenen Fischen in den Gewässern der Täler und Ebenen, mit ihren münzgroßen Punkten und Flecken, aus denen man das rote Pigment vermeint fast abstreichen zu können.

Das innere Wesen der Bachforelle entspricht ganz ihrem Äußeren. Von all unseren heimischen Fischarten ist sie die impulsivste. Sie gibt sich extravagant wie eine Filmdiva und versteht es, ihre sprichwörtliche Nervosität auch auf den Fliegenfischer zu übertragen. Mit einem Satz: Ihre Launen und Stimmungen sind unberechenbar und großen Schwankungen unterworfen. Sie kann völlig apathisch in Deckung liegen, im nächsten Moment aber vor lauter Lebensfreude hoch aus dem Wasser schnellen. Manchmal ist sie mit keiner, dann wieder mit jeder Fliege zu betören. Nur einer Eigenschaft kann der Fischer ganz sicher sein: Selbst bei allem Überschwang darf er keinen Leichtsinn von ihr erwarten. Denn wenn ihr nur das Geringste verdächtig vorkommt, verschwindet sie sofort in das nächste Versteck, von dem sie sich übrigens während der hellen Tagesstunden nur selten weiter als notwendig entfernt. Alte, erfahrene Flugangler hegen ein ganz besonderes Verhältnis zu ihrer Bachforelle. Behutsam ausgedrillt, läßt sie sich, in den Strömungsschatten der Wathose geführt, mit der bloßen Hand besänftigen, so, als empfände sie die blutwarme Berührung als Wohltat. Einfühlsames Streicheln der Flanken und Bauchpartie vermag Schock und Panik abzubauen, unter denen die gefangene Forelle zu leiden hat. Entfernt man, noch im Wasser, mit geschicktem Griff die Fliege, dann erträgt sie nicht selten noch minutenlang unsere Gegenwart und Berührungen, ehe sie, ohne Hast, von dannen wedelt. Auch solche Erlebnisse und Erfahrungen prägen den Fliegenfischer.

Wenn sie jagt, ist unschwer zu erkennen, daß die Bachforelle ein Vollblutraubtier ist. Kein anderer Fisch schnappt so ohrenfällig nach Beute, wie sie es tut. Da plantscht es manchmal, als würfe jemand

Steine ins Wasser. Sobald sie sich auf die Trockenfliege stürzt und ihre Attacke mit zu hastigem Anhieb quittiert wird, dann ist sie meist für die nächsten Tage aus dem Gedächtnis zu streichen. In der Tat: Nachtragend ist sie, und von der Versöhnlichkeit einer Äsche besitzt sie nicht die Spur.

Außerdem ist die Bachforelle keineswegs der unbedingt typische Standfisch, als der sie öfter hingestellt wird, sondern sie hat gleich mehrere Lieblingsaufenthalte, die sie tageszeitlich, wetterbedingt und saisonal wechselt. Auch verfolgt sie ihre Beute über weite Fluchten, und wenn sie zupackt, dann meint sie's ernst. Genauso erbarmungslos ernst wie der Hecht oder – das Krokodil. Nur wegen dieser Jagdgier verliert sie manchmal für Sekunden die ihr angeborene Vorsicht, und diese Schwäche wird ihr nicht selten zum Verhängnis.

Die Bachforelle nimmt die Fliege entschlossener als jeder andere Fisch, hat sie sich erst einmal dazu entschieden, sie als genießbar anzuerkennen. Auch hier wieder kein Vergleich zu der eher nachdenklichen Äsche. Sie gibt sich aber künstlichen Fliegen gegenüber keineswegs so überaus wählerisch, wie hin und wieder zu lesen ist. Nur, hat sie einmal Bekanntschaft mit dem von Feder und Flitter verhüllten Haken gemacht, dann hilft, bis zu ihrer nächsten schwachen Stunde, auch die raffinierteste Kunstfliege nicht mehr weiter. Es ist von vornherein empfehlenswert, ihr immer, so gut wie möglich, die menschliche Gestalt zu verbergen, denn eine ‚gebrannte' Forelle wird sogleich die Kontur des Fischers mit seiner Gerätschaft in Zusammenhang bringen. Nur wenn es der Angler versteht, ihr die Fliege zu servieren, ohne ihren Argwohn zu wecken, wird sie auch bereit sein, irgendein Muster zu aktzeptieren. Jedoch: Wenn die Bachforelle nicht will, dann will sie nicht. Gerade dies aber ist ein Charakterzug, den Kenner so sehr an ihr schätzen.

Jeder erfahrene Fliegenfischer weiß, daß die Forelle nur von Zeit zu Zeit oberflächenaktiv ist. Zu 80 % deckt sie ihren Nahrungsbedarf unterhalb der Wasseroberfläche, davon wieder einen bedeutenden Teil in Grundnähe. Je älter und größer sie wird, um so seltener steigt sie und wird dadurch für den Trockenfischer zu einem erheblichen Problem, denn nur ein sehr intensives Insektenangebot kann sie jetzt wieder nach oben bringen. Dann aber erwacht die alte Gier. Mit aufgesperrtem Rachen sieht sie die im Oberflächenfilm gefangenen Insekten ab, setzt mit einem federnden Sprung der soeben gestarteten Eintagsfliege nach und wälzt sich, gerade in einer Fontäne zurückgefallen, im gleichen Atemzug über den notgewasserten Heuschreck.

Tafel 10. Oben: Klassischer Sitz der Trockenfliege. – Unten: Der alten Standforelle wurde der Skater (Schlitterfliege) zum Verhängnis

Die Bachforelle

Sie legt ein Verhalten an den Tag, das an die Ausschweifungen bei antiken Festmählern erinnert.

Ihre wahre Stunde aber schlägt nach Einbruch der Dämmerung. Nun unternimmt sie ausgedehnte Raubzüge in weitentfernte Reviergegenden. Mit Vorliebe stellt sie hier kleinen Fischen, Nagern, Lurchen und Nachtinsekten nach. Das größte Entsetzen verbreitet sie unter den Brutfischschwärmen, die ihr auf den flachen Bänken begegnen. Was der Bachforelle, dem Raubtier, jetzt zum Verhängnis gereicht, sind fluchtartige Bewegungen irgendwelcher Köder. Nicht umsonst sind während solcher Exkursionen Naßfliege und Streamer so erfolgreich anzuwenden. Für den passionierten Trockenfischer aber bietet sich die über das Wasser gezogene Schlitterfliege an, die, schräg gegen die Strömung geführt, zum schonungslosen Anbiß verführt. Hierbei spielt zweifelsohne der sogenannte ‚Impact‘ (s. Kapitel ‚Weshalb wir Fische fangen‘) eine entscheidende Rolle. Überhaupt sollte alles, was die Bachforelle zu einem nächtlichen Anbiß reizen soll, viel größer als am Tage sein und Bewegung zeigen. Eine Großforelle besitzt ein großes Maul, und das verlangt nach großen Happen. Nicht selten wird während des Nachtmahls alles Kleinere gänzlich ignoriert.

Gewöhnlich sieht der Interessierte in der Bachforelle die klassische Vertreterin munter dahinplätschernder Bächlein oder wild dahertobender Gebirgsflüsse. Das trifft aber nur bedingt zu. Ebenso wohl fühlt sie sich in träge strömenden Niederungsgewässern oder größeren Seen, wenn diese nur sauber und kalt genug sind. Denn eigentlich schätzt die Bachforelle eine gewisse Behäbigkeit, und diese um vieles mehr als ihre amerikanische Schwester, die Regenbogenforelle. So versteht sie es ja hervorragend, sich selbst in einer tobenden Gebirgsklamm ein ruhiges, kräfteschonendes Plätzchen zu ergattern, das um so geschützter und nahrungsreicher ausfällt, je stärker der Fisch ist. Nur während der Hauptjagdzeit geht sie in die volle Strömung.

Also muß der Trockenfischer bemüht sein, diese ruhigen Partien innerhalb des Reviers aufzuspüren. Das gilt auch für die schnellen Abschnitte (s. Kapitel ‚Die Präsentation der Trockenfliege‘ und ‚Pocket Waters‘). Man sollte nie vergessen, daß die Bachforelle wie kein zweiter Fisch ein Kind naturbelassener Bäche und Flüsse geblieben ist und sich nur hier so richtig wohlfühlen kann. Gewiß vermag sie auch in begradigten und regulierten Strecken zu leben, besonders wenn z. B. kleine Schwellen, Rollen und Wehre ausreichend vorhanden sind. Doch niemals wird sie sich hier zu jenen urtümlichen Exemplaren entwickeln, wie es im naturbelassenen Fluß mit all seinen natürlichen Hindernissen, Bollwerken, abgrundtiefen Kolken und unterhöhlten Ufern häufig vorkommt. Die Bachforelle verlangt eben nach tarnender Deckung. Nur dann fühlt sie sich sicher und kümmert nicht zum kläglichen Durchschnitt heran. Die Frage des Nahrungsangebots kommt erst an zweiter Stelle.

Aus all diesen Stand- und Futtergewohnheiten der Bachforelle geht eindeutig hervor, daß die Uferregionen oder Krautfelder, Klippen und Hindernisse in Strömungsmitte von diesem Fisch bevorzugt werden. Auch überhängendes Gezweig zählt ja dazu, denn besonders im Sommer ergießt sich aus diesem schutz- und schattenspendenden Blattwerk ein selten versiegender Regen buntkrabbelnder Insektenvielfalt. In solchen Zeiten findet der Fischer dieselbe Forelle fast immer am gleichen Ort. Jetzt also hält sie ihre vielgerühmte Standorttreue. Ihre ausgedehnten Nachtbummel nimmt der Mensch ja viel weniger zur Kenntnis. Ist dann bei ihrer morgendlichen Heimkehr der Platz von einer größeren und stärkeren Artgenossin belegt, dann muß sie sich halt einen anderen Unterschlupf erraufen. Kleinere ‚Schmarotzer' aber werden erbarmungslos davongejagt.

Die Bachforelle ist nicht nur, was die Färbung betrifft, eine ausgeprägte Individualistin. Nein, sie sticht auch in vielen anderen Eigenschaften deutlich von ihren Verwandten ab. Wird sie älter und schwerer, kommen diese Gewohnheiten noch ausgeprägter zum Ausdruck. Aus all diesen Wesenszügen sind fliegenfischereiliche Richtlinien entwickelt worden, die der Angler, wenn er mit der Trockenfliege ans Wasser geht, berücksichtigen sollte.

Beim Fischen mit der Trockenfliege läßt sich deshalb der Fischer von der Tatsache leiten, daß die Oberflächenaktivität einer Forelle zeitlich begrenzt ist und daß es, wenn kein einziger Fisch steigt, ziemlich nutzlos ist, die Trockenfliege aufs Wasser zu bringen. Jedoch keine Regel ohne Ausnahme: In den schnellen Zügen nahrungsarmer Flüsse oder regulierter Strecken steigen aus purem Hunger immer ein paar Fische. Sonst hängt die Steigfreudigkeit ganz allein vom Insektenangebot des Gewässers bzw. von der Saison ab. Im frühen April, während der ersten Maitage und dann erst wieder im September ist besonders während der Mittags- und frühen Nachmittagsstunden mit starkem Insektenschlupf zu rechnen. Während der Hochsaison im Mai und Juni sind es vorzugsweise die Abende, und in den warmen Sommer- und Hochsommermonaten bringt gewöhnlich der frühe Morgen die besten Erfolge mit der Trockenfliege.

Die Bachforelle

Das aber sind alles nur ungefähre Hinweise, die von örtlichen Gegebenheiten wie Wetter, Wasserstand und Besatz modifiziert werden. Der erfahrene Fliegenfischer wird sich schnell zurechtfinden. Das letzte Wort aber hat immer noch die scheue Bachforelle. Schon wegen ihres angeborenen und mit zunehmendem Alter sich mehr und mehr vertiefenden Argwohns muß jetzt jede nur erdenkliche Unruhe im Revier unterbleiben. Aufgescheuchte fortflüchtende Forellen reißen alle sich in der Nähe aufhaltenden Fische mit und warnen das gesamt Umfeld. Solche durch unvorsichtiges Verhalten in Ufernähe, gefühlloses Waten oder unsachgemäße Präsentation beunruhigte Gewässerstrecken bleiben nicht selten für Stunden verdorben. Dazu zählen besonders die flachen, ruhigen Züge, die bei klarem schönen Wetter und bei Niedrigwasser selbst für den perfekten Werfer problematisch sind. Jeder Versuch, hier die Trockenfliege wirkungsvoll anzubieten, scheitert hoffnungslos. Die Forellen stellen sofort das Steigen ein und machen sich unsichtbar. Hier sollte sich der Fischer bei derart ungünstigen Voraussetzungen erst gar nicht bemühen, sondern bessere Tage mit bewölktem Himmel oder idealem Nieselregen abwarten. Bei lichtem Sonnenschein dient sich der Angler den Buntgetupften lieber gleich in den schnelleren Zügen und Schattenpartien an, um dann vielleicht, nach Eintritt der Dunkelheit, an der einen oder anderen heiklen Stelle einen behutsamen Vorstoß zu wagen. Voraussetzung ist, die Forellen befinden sich nicht gerade auf nächtlich fernem Beutezug.

Was die Bachforelle weniger verübelt, ist ein maßvolles Dreggenlassen der Trockenfliege. Ihr Raubinstinkt, der vor allem auf Bewegung ausgerichtet ist, wurde ja schon hinreichend beschrieben. Natürlich darf diese Art von Reizfischerei nicht übertrieben werden. Jedoch sie nützt, leicht unentschlossene Fische zum Steigen zu veranlassen. Wenn nämlich die Fliege in ihre unmittelbare Nähe getrieben ist, dann verhilft nicht selten ein leichter, provozierender Zupfer zum sofortigen Anbiß. Dabei ist, das sollte bei dieser Gelegenheit noch einmal betont werden, die Bachforelle größeren Fliegen weitaus mehr zugetan als kleineren. Das gilt fast ausnahmslos für die gesamte Trockenfischerei. Darum empfiehlt es sich auch, immer erst mit größeren Mustern zu beginnen. In überfischten Gewässern ist es jedoch genau umgekehrt. Hier genießen die kleineren Trockenfliegen eindeutig den Vorrang.

Obwohl die Nachtfischerei an fast allen Gaststrecken verboten ist, sollte sie der Fischer dort, wo man großzügiger ist, ruhig einmal versuchen, denn sie ist von einzigartigem Reiz. Das geheimnisvolle Rauschen des Wassers, die nächtlichen Laute, der Duft der Vegetation und die Geräusche der ungestüm raubenden Großforellen schlagen den Fischersmann unweigerlich in ihren Bann. Wenn im silbernen Mondlicht die schräg gegen die Strömung tanzende Schlitterfliege plötzlich unter einem Wasserschwall verschwindet, dann bahnt sich ein Zweikampf an, aus dem die Forelle nicht selten als eindeutiger Sieger hervorgeht. Doch wie auch der Ausgang sei, Triumph oder Niederlage, der Angler wird sich dieser nächtlichen Duelle immer wieder gern erinnern.

Die Regenbogenforelle

Die Regenbogenforelle ist ein längst eingebürgerter Gast aus dem fernen Amerika, dessen Integration 1882 zum ersten Male versucht worden ist. Nun ist es stets ein Problem, eine Tierart von einem Kontinent zum anderen zu verpflanzen. Jäger und Zoologen wissen ein Liedchen davon zu singen. Aber bei der schönen Amerikanerin namens *Salmo gairdneri* ist die Aktion weitgehend glücklicher ausgelaufen. Ihrem beeindruckenden Temperament, ihren Wesenszügen, die denen der Bachforelle verwandt sind, sowie ihrer imponierenden Abwuchsrate steht als einziges Manko ihr Hang zum Streunen, Herumzigeunern und Abwandern gegenüber, eine Schwäche, die sie hier, in der Fremde, so richtig entwickelt hat. Von der sogenannten Standorttreue einer Bachforelle also nicht die Spur!

Dagegen eignet sich aber die Regenbogenforelle in geradezu idealer Weise für den Besatz in stehenden Gewässern. Gegenüber der Bachforelle kommt sie mit weit weniger Sauerstoff aus. Sie nimmt leichte Wasserbelastungen nicht übel und erträgt noch eine Temperatur von vorübergehend etwa 25°C. Da sie sich in unseren Regionen zum Frühjahrslaicher entwickelt hat, etwa März bis Mai, genießt sie erst dann die nötige Schonzeit, wenn Bachforelle und Saibling sich dieses Geschäftes längst entledigt haben. Dadurch, daß die Artenschonzeiten für Regenbogenforellen in vielen Ländern vom 1. Januar bis zum 15. April gelten, präsentiert sich dort, wo dem Fliegenfischer die Äsche fehlt, bis zum Jahresende ein Fisch, der sich selbst bei Eis und Schnee von der Trockenfliege verlocken läßt. Zwar genießt während der kälteren Jahreszeit die Naßfliegenfischerei eindeutig den Vorrang, doch welcher Flugangler würde nicht schnell ein Trockenmuster anknüpfen, wenn ein sonniger Dezembermittag während eines kurzen Insektenschlupfes die Regenbogner wie wild zum Steigen bringt.

Der Regenbogenforelle sagt mancher ein weniger wählerisches Verhalten nach, als es die Bachforelle an den Tag legt. An dieser Auffassung hat ohne jeden Zweifel das in letzter Zeit in Mode gekommene Studium amerikanischer Fachliteratur, die übrigens ganz hervorragend ist, wesentlichen Anteil. Nur ist die eigentliche Wahrheit, daß Bach- wie Regenbogenforelle auf dem europäischen Kontinent nicht wählerischer sind als z. B. Äsche oder Bachsaibling. Wenn all diese Fische nicht nach der Trockenfliege steigen wollen, dann nur, weil sie bequem, träge, satt, gelangweilt oder mißtrauisch sind oder Grundnahrung aufnehmen.

Die Steig- bzw. Freßgewohnheiten der Bach- und Regenbogenforelle weichen also hier bei uns nicht so wesentlich voneinander ab. Vielleicht kann man letzterer eine nicht so ausgeprägte Scheu nachsagen, die das Fischen auf die heimische Bachforelle manchmal so schwierig macht. Aber das hängt wahrscheinlich mit gewissen Überzüchtungserscheinungen zusammen. Bei den Regenbogenforellen kann der Züchter ja nicht so einfach auf die Wildlinge eines nächstgünstigen Naturgewässers zurückgreifen und für frisches Blut mit all seinen art- und instinkterhaltenden Vorzügen sorgen.

Der Fliegenfischer, der mit Trockenen auf die Regenbogenforelle geht, kann die gleichen Techniken wie bei der Bachforelle anwenden, denn zwischen beiden Fischen gibt es keine besonderen Unterschiede. Ganz fabelhafte Qualitäten legt die Regenbogenforelle in stehenden Gewässern an den Tag, wo sich die stärkeren Exemplare mit nicht endenwollenden Fluchten, die weit in die Backingschnur gehen, zur Wehr setzen. Die Trockenfliege hat an Seen, Teichen und Talsperren die gleichen Chancen wie am Fluß, sobald die Fische nach Oberflächennahrung aufgehen. Hierbei gelingt es nicht selten durch ruckartiges Heranziehen der Fliege, den Anbiß zu forcieren. Die Muster können mitunter ein bis zwei Nummern größer als üblich gewählt sein.

Die Regenbogenforelle schlägt unbarmherzig zu. Darum sollte der Fischer in stehenden Gewässern, wo mit den schwersten Fischen zu rechnen ist, gar nicht erst unter eine Vorfachspitze von 0,20 gehen. Denn wer einmal, sei es am Fluß oder am See, an solch wütende, mehrere Pfund schwere Salmoniden geraten ist, wird mit einem stabilen Vorfach wie mit einer ausreichenden Backingleine zwei ganz entscheidende Trümpfe in der Hand halten.

Die Äsche

Bei vielen mitteleuropäischen Fliegenfischern steht heute die Äsche in höherem Ansehen als die Forelle. Wann diese Entwicklung eingesetzt hat, läßt sich nicht mit Bestimmtheit sagen, denn auch bei uns stand anfangs, wie in Amerika, die Flugangelei lange Zeit unter dem Einfluß der Briten, bei denen seit eh und je die Brown Trout dominiert. Inzwischen aber gilt der Fang der Äsche mit der Trockenfliege als die feinste, geistvollste und edelste Sparte unserer Passion. Man könnte heutzutage schon fast von einer Tradition der Äschenfischerei sprechen, an deren Entstehen und Einfluß die österreichische Schule großen Anteil gehabt hat. Thront doch auf den Britischen Inseln noch immer die Bachforelle hoch über den dort zu den Coarse Fishes zählenden ‚Greylings‘, der graugrünfarbenen *Thymallus thymallus*, so kann auf dem Kontinent getrost von der Äsche als ‚ungekrönter Königin‘ der Flugangelei gesprochen werden. Sehr wahrscheinlich haben in diesem Fall die Zuwendung hier und die Abneigung dort etwas mit der unterschiedlichen geographischen Breite zu tun. Weit- und vielgereiste Fliegenfischer berichten, daß sich die Äschen, je südlicher sie vorkommen, desto wählerischer gebärden. Aber auch ihre Färbung verändert sich mit der Himmelsrichtung. Im Süden hat sie ihr unscheinbares Kleid völlig abgelegt und prangt in pastellfarbenem Goldton, auf dem sich die tiefschwarzen Pünktchen wie lustige Schönheitspflästerchen ausnehmen. Es hat schon seine Ursache, warum die Augen so manchen Fliegenfischers, kommt die Äsche ins Gespräch, zu leuchten beginnen.

Die deutsche Zunge ordnet der Äsche den weiblichen Artikel zu, und diese Neigung wundert nicht, denn der Anblick der schönen Fahnenträgerin vermittelt einen durch und durch femininen Eindruck; der anmutige kleine Kopf, die goldschimmernden Augen, das unterständige Schmollmäulchen und die prachtvolle Rückenfahne, die wie ein koketter Fächer wirkt. Manchmal fehlen der Äsche nicht einmal die Launen des schönen Geschlechts.

Doch Schwärmerei beiseite. In Wirklichkeit ist die Äsche ein ziemlich robuster Fisch und ihre sanfte und zarte Erscheinung weiter nichts als Fassade. Sie hat ein kaltblütiges, berechnendes und überlegendes Wesen und nichts mit dem impulsiven Charakter der Forelle gemeinsam, auch wenn sie gelegentlich mal einen lebensfrohen Luftsprung riskiert. Deshalb ist sie auch nicht jedermanns Fisch, und es dauert manchmal seine Zeit, ehe der eine oder andere Fischer mit ihr zurechtkommt, ihr dann aber meist gleich mit Haut und Haaren verfällt. Die Äsche ist also kein Fisch für Anfänger, ja selbst so mancher Meister der Fliegenrute mußte schon vor ihr kapitulieren.

Die Äsche ist durchaus imstande, die Forelle zu verdrängen. Dort, wo die Äsche in Forellenreviere eingesetzt wurde, hat sie nicht selten die absolute Herrschaft an sich gerissen. Auch das ist ein Beweis ihrer biologischen Stärke. Als Strömungsfisch rangiert sie weit vor der Forelle. Stehendes Wasser meidet sie, fühlt sich zwischen Fels und Klippen ebenso wohl wie am sandigen oder kiesigen Grund, sofern sie nur ausreichend Nahrung und genügend Sicherheit findet. Bei der Futteraufnahme pendelt sie ständig zwischen Oberfläche und Flußboden. Hier unten fängt sie schwimmende und kriechende Larven und ist wie wild hinter den durch das Mittelwasser aufsteigenden Nymphen her. Niemals läßt sie die Wasseroberfläche ganz aus dem Auge, um dort die herantreibenden Insekten aufzunehmen, die auf sie eine magische Anziehungskraft ausüben. Doch zwischen den einzelnen Happen kehrt sie jedesmal wieder auf ihren Standplatz am Grund zurück, bis sie wieder irgend etwas Interessantes entdeckt, was sie mühelos nach oben schweben läßt. Dieses ständige Hinauf und Hinab ist die typische Verhaltensweise der Äsche. Niemals bleibt sie, wie z. B. eine Forelle, dicht unter der Wasseroberfläche stehen, um von dort bequem die herantreibenden Insekten aufzunehmen. Nein, fast mit pedantischer Einfalt geht sie auf, nippt in gesitteter Manier eine winzige Mücke vom Wasser und taucht wieder hinab zum Grund. ‚Äschenküsse' nennt man so treffend dieses Gebaren bei der Nahrungsaufnahme, das aber auch gar nichts mit dem burschikosen Benehmen einer Forelle gemein hat.

Eine weitere Eigenart der Äsche ist es, daß sie ihr Futter, räumlich gesehen, nur innerhalb einer Art Korridor aufnimmt. Bei einer Wassertiefe von z. B. 1 m ist der Korridor etwa 1 m breit und etwa 2 m lang (Abb. 34). Die Fliege wird gewöhnlich am Ende des Korridors genommen. Am besten ist es, die Fliege etwas oberhalb des Korridorbeginns anzusetzen. Was seitlich darüber vorbeitreibt oder was hinter ihr geschieht, kümmert sie herzlich wenig. Der Fliegenfischer, der diese Tatsachen nicht berücksichtigt, wird vergeblich um die Gunst der Fahnenträgerin buhlen.

Der Korridor ist es also, auf den der Trockenfischer sein Augenmerk richten muß. Versteht er sein Handwerk, wird er genau wissen, wo seine Fliege aufsetzen muß, wo sie ins Blickfeld der Äsche geraten wird und wo sie mit dem Fischmaul zusammentrifft. Selbst wenn

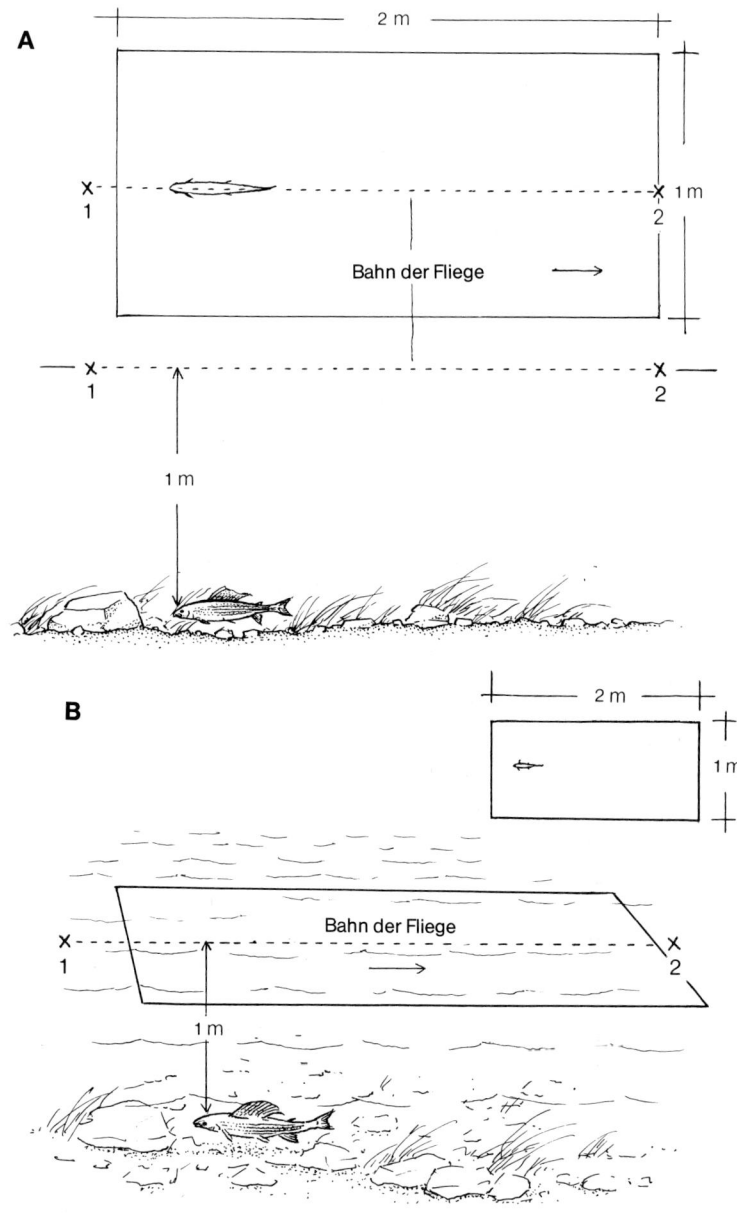

Abb. 34. Der Äschenkorridor

nichts steigt, wird der Kenner bestimmte Plätze als Futterreviere ansprechen verstehen. Der Fischer muß die Äsche manchmal erst so richtig ‚anheizen', ehe sie zupackt. Wenn das nichts nützt, muß ihr mit einer Serie von Würfen halt ein plötzlich einsetzender Insektenschlupf vorgegaukelt werden. Ihre weibliche Neugierde ist's also, die ihr zum Verhängnis wird. Nur an manchen naßkalten und windigen Herbst- oder Wintertagen liegt die Äsche wie gelähmt am Flußboden und zeigt für die oberen Wasserschichten so gut wie kein Interesse. Keine Naß- oder Trockenfliege nutzt da, weder Nymphenlift noch Super-Fast-Sink-Tactics können jetzt Abhilfe schaffen. Die Lady schmollt.

Glücklicherweise sind diese Tage sehr selten. Meist wird es der Angler selbst bei solch unwirtlichem Wetter schaffen, auch wenn er nicht eine einzige Äsche steigen sieht, mit einer winzigen Fliege den einen oder anderen Fisch vom Grund emporzulocken.

Länge und Breite des sogenannten Äschenkorridors hängen allein von der Tiefe und Fließgeschwindigkeit des Wassers ab. Je tiefer das Wasser ist, um so breiter ist der Korridor, und je schneller es strömt, um so kürzer ist er. Seine letzten Zentimeter stellen den einzig möglichen Punkt dar, an dem die Äsche die Fliege nimmt. Auch der jeweilige Standplatz in einer bestimmten Gewässerstrecke beeinflußt das Ausmaß eines Korridors. In ruhigen Abschnitten, in denen das Wasser gemächlich über weite Kiesbänke strömt, lassen sich die Abmessungen eines Äschenkorridors ziemlich genau abschätzen. Dort pflegt der Fisch auch mit einer Behäbigkeit zu steigen, wie sie der geruhsamen Strömung entspricht. Alles wickelt sich ohne Hast ab. Hier zelebrieren Fisch und Fischer ihr feierliches Ritual nach klassischem Muster: Der Angler läßt seine Trockenfliege dicht vor der oberen Grenze des Korridors aufsetzen. Die Äsche erblickt sie, aber sie rührt sich noch nicht von der Stelle. Das weiß der Fliegenfischer. Die Passivität, die beide Kontrahenten an den Tag legen, ist aber nur Schein, denn in Wirklichkeit fixiert jeder von ihnen den Köder mit fiebernder Anteilnahme. Die kleine, unscheinbare Trockenfliege ist zum Treffpunkt zweier Welten, zweier grundverschiedener Geschöpfe geworden. Kurz bevor die Fliege über dem Standplatz der Äsche angelangt ist, hebt sich der Fisch vom Grunde ab und stößt, sich rückwärts unter dem Köder abtreiben lassend, fast senkrecht nach oben. Während die Fliege weiter flußabwärts driftet, kommt ihr die Äsche immer näher, bis sie die Fliege, ohne besondere Eile, an der äußersten unteren Grenze des Korridors erreicht, sie nimmt oder verweigert und mit

Die Steiggewohnheiten unserer Fische

scheinbar schwereloser Eleganz zum Grund hinabtaucht, um ihren alten Standplatz wieder einzunehmen. Die Augen werden jetzt gleich wieder hinauf zur Oberfläche gerichtet.

In den letzten Sekunden, da sich die Fliege dem Punkt nähert, an dem sie genommen oder abgelehnt wird, leidet der Fliegenfischer manchmal Höllenqualen. Er vergißt sich selbst und die Welt um sich herum. Alles fällt von ihm ab. Erst wenn es hell unter der Fliege aufschimmert, zwei weiße Lippen mit sanftem Schwall den Köder einsaugen, verliert sich die Trance. Im gleichen Augenblick, da der Fisch abdreht, dringt der spitze Stahl ins Maul. So geht es klassisch zu, und so stellt sich der wenig erfahrene oder wenig geforderte Angler die Äschenfischerei in der Regel vor. Eine so musterhafte Ausübung ist aber nur an sogenannten Traumstrecken möglich, deren Grundstruktur und Strömungsverhältnisse angenehmes, gefahrloses Waten, Anpirschen, Werfen und Servieren erlauben. Doch das wird in Wort und Schrift oftmals unterschlagen. Wobei auch noch die Frage zu stellen ist, ob solche Reviere auf die Dauer nicht recht langweilig werden. Denn wenn die Äsche z. B. inmitten einer scharfen, welligen Strömung steht, derartige Plätze sind bei ihr übrigens sehr beliebt, dann ist der von ihr in Anspruch genommene Korridor äußerst kurz und schmal. Demzufolge schießt sie wie ein Pfeil zur Oberfläche, schnappt nach dem Futter und taucht ebenso schnell wieder hinab. Hierbei entsteht für den Angler das Handikap, daß er wegen des rauhen Wassers die Äschen kaum noch wahrnehmen kann. So fischt er ziemlich blind drauflos, mehr dem Verdacht als der Überzeugung ausgeliefert, immer einer unerhörten Spannung und Konzentration unterworfen. Wer mit solchen Gegebenheiten plötzlich konfrontiert wird, ist ziemlich verunsichert, denn jetzt fehlen die altgewohnten Voraussetzungen wie mäßig strömendes Wasser und die sicheren Zeichen der zart auf dem Wasser zerrinnenden Äschenküsse. Aber auch ein versierter Fliegenfischer muß sich stark konzentrieren, und er reagiert bei plötzlichem Biß oftmals mit einem explosionsartigen Anhieb. So kommt diese Reaktion nicht selten viel zu früh oder zu heftig, und wenn sie den Fisch im Augenblick des Abdrehens trifft, dann hält auch nicht das stärkste Vorfach stand. Ärgerlich für den Angler, lehrreich für die Äsche.

Geheimtips sind die Pocket Waters. Die meisten Fliegenfischer ignorieren diese Stellen und wissen nichts von ihren Bewohnern, weil dort das Fischen nicht ganz ungefährlich ist. Der Experte aber kämpft sich in reißender Strömung von einem Pocket zum anderen und

Die Äsche

beharkt jeden ‚Quadratzentimeter' unter Berücksichtigung der verschiedensten Strömungsverhältnisse. In Pockets sind Forellen wie Äschen zu Hause. Wo diese Refugien von einer ruhigen Oberfläche überzogen sind, ist mit Forellen zu rechnen. Wo aber zwei Strömungen zusammenfließen, die wie die Schenkel eines Zirkels das Ruhigwasser in die Zange nehmen, da fühlt sich die Äsche wohl, und es sind nicht immer die kleinsten, die hier anzutreffen sind. Allerdings kann man hier kaum noch von einem Korridor sprechen. Denn was wir allgemein unter dem gewohnten Aktionsbereich dieses Fisches verstehen, ist hier auf ein Minimum zusammengeschrumpft. Die Vorstöße nach der Fliege kommen blitzartig, und der Fischer muß sich einer strengen Disziplin unterwerfen, will er keinen Schaden anrichten, indem er Fisch auf Fisch anritzt oder durch Vorfachbruch verliert.

Das gleiche gilt hier auch für den Drill, bei dem jedes gewohnte Schema abfällt, weil der Fisch unter allen Umständen in der gemäßigten Zone gehalten werden muß und nicht ins rauhe Wasser ausbrechen darf. Den Äschenkorridor soll man also nicht allzu starr betrachten, sondern bedenken, daß die Äsche sich vielen Situationen anpassen kann, so daß wir sie oft gerade dort finden, wo sie manch ein Angler kaum vermutet, nämlich mitten im überaus rauhen und scharfen Wasser.

Von all diesen Umständen hängt es ab, wie weit die Fliege vor den Äschenring plaziert werden muß. Stromauf ist da keine Grenze gesetzt. Nur darf der Werfer die nötige Vorgabe nicht unterschätzen oder gar, wie manchmal bei der Forelle, den Ring direkt anwerfen. Denn in diesem Fall würde die Äsche die Fliege ja gar nicht mehr

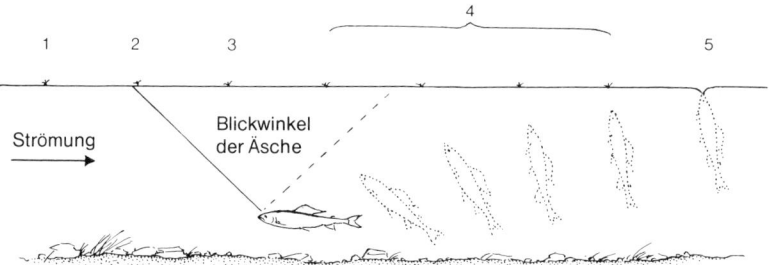

Abb. 35. 1: Aufsatzpunkt der Trockenfliege. 2: Die Fliege ist in das Blickfeld der Äsche eingetreten. 3: Wenn die Fliege fast über der Äsche ist, hebt sie sich vom Grund ab. 4: Fast senkrecht läßt sich die Äsche unter der Fliege abtreiben, ihr mit der Strömungsgeschwindigkeit immer näher kommend. 5: Jetzt saugt sie die Fliege auf

Die Steiggewohnheiten unserer Fische

zu Gesicht bekommen, weil sie längst schon wieder flußaufwärts zu ihrem Standplatz geschwommen ist (Abb. 35). Oberstes Gebot ist also, die Fliege weit genug vorzulegen und so geschickt aufs Wasser zu werfen, daß sie ungehindert abtreiben kann. Raffinierte Wurffinten sind dabei, wie im Präsentationskapitel vermerkt, eine unverzichtbare Hilfe. Die Strömung der Salmonidengewässer zeigt sich in den unterschiedlichsten und immer wieder neuen Formen. Diese sind für den Fischer äußerste Realität, der er sich mit seinem Wissen und Können zu stellen hat.

Sogenannte ‚typische Äschenstrecken' bieten sich in mannigfaltiger Weise an. Manche aber erkennt man nicht gleich. Auf weiten, flachen Kiesbänken stehen fast überall Fische am Boden und lauern auf Nahrung, obwohl auch hier Einwölbungen und größere Kiesel bevorzugt werden, hinter denen es sich gut ruhen läßt. Die Kanten zwischen schneller und gemäßigter Strömung sind schon erwähnt worden. Aber die seichteren Stellen sind keinesfalls außer acht zu lassen. Die Äsche steht besonders dort sehr gern, wo eine Schwelle oder mehrere Kaskaden das Wasser im seichteren Abschnitt beschleunigen, oder dort, wo sich das in Bewegung gesetzte Wasser langsam wieder zu beruhigen beginnt. Auch wo der Kiesgrund in felsigen Boden übergeht, hält sich der Fisch mit Vorliebe auf. Ebenso gefragt sind bewegte Uferpartien, vor allem, wenn sie von überhängenden Zweigen beschirmt sind. Die Äsche bevorzugt also, wie man sieht, flottes Wasser mehr als die Forelle. Nur die kapital gewordenen Stücke entwickeln sich zu behäbigen Naturen, die sich im Ruhigwasser träger Kolke oder der See-Ein- und -Ausläufe wohlfühlen, wo sie nicht selten den Käse-, Teig- und Wurmanglern zum Opfer fallen. Friede ihren Seelen!

Wir wissen also, daß die Äsche, im Gegensatz zur Forelle, ein ausgesprochener Strömungsfisch ist. Das kommt nicht von ungefähr. Die Äsche versteht es ausgezeichnet, sich dem kräftezehrenden Wasserschub fernzuhalten, indem sie sich an den Boden preßt. Die Wasserströmung kann, obwohl an der Oberfläche reißend, am Flußgrund gleich null sein. Auch die Vorstöße der Äsche vom ruhigen Liegeplatz hinauf in die bewegten Wasserschichten kosten bei weitem nicht so viel Energie, wie mancher meint. Die Brustflossen in die richtige Position gebracht, und schon schwebt sie mühelos nach oben. Die in den oberen Bereichen zunehmende Wassergeschwindigkeit verhilft ihr zu einer willkommenen Beschleunigung. Mit dem Schwanz braucht sie nur noch korrigierend Balance zu halten.

Die Äsche

Die Steiggeschwindigkeit entspricht der Strömungsgeschwindigkeit. So kann in ruhigen Strecken das Hochschweben der Äsche im Zeitlupentempo vor sich gehen. Im reißenden Wasser geschieht das nach denselben physikalischen Gesetzen, jedoch blitzschnell. Die Rückkehr zum Boden, dem Standplatz, geht in umgekehrter Weise vonstatten. Auch hier übernehmen Flossen und Strömung wieder die Hauptarbeit und lassen den Fisch mühelos nach unten gleiten. Sobald er den Boden erreicht hat, schwimmt er in der gebremsten, gemäßigten Grundströmung stromauf zu seinem Ausgangspunkt zurück. Ein ziemlich einfaches Spiel also, unter günstigster Ausnutzung der jeweiligen Wasserverhältnisse. Aus diesem Grunde ist die Bezeichnung ‚Strömungsfisch' bei der Äsche durch und durch berechtigt, denn kein anderer Flossenträger versteht es so geschickt, mit dem reißenden Wasser fertig zu werden.

Auch der Fliege gegenüber benimmt sich die Äsche ganz anders als die Forelle. Während des Aufsteigens hat sie nämlich genug Muße, den Köder kritisch zu begutachten. Kommt ihr irgend etwas verdächtig vor, bricht sie den Steigvorgang unverzüglich ab und strebt wieder ihrem Standplatz zu. Das hält sie aber keinesfalls davon ab, diesen Vorgang mit gleichem Ergebnis mehrmals zu wiederholen. Stets wird sie wieder bereit sein, dieselbe Fliege noch einmal und noch einmal zu inspizieren, bis sie sich letzten Endes vielleicht doch noch entschließt, sie im Nachschwimmen zu nehmen. Eine dermaßen steiglustige Äsche ist fast immer noch mit einer schnell gewechselten Fliege zu bekommen. Darum gehört permanentes Fliegenwechseln zu den meistgeübten Handgriffen des Äschenfischers.

Vorliebe für kleine und kleinste Fliegen wird der Äsche immer wieder nachgesagt. Das trifft indes nur soweit zu, als es sich um künstliche Fliegen handelt. Was nämlich die natürlichen Fliegen betrifft, so ist der Äsche kein Insekt zu groß; sogar eine Untermaßige ist imstande, die soeben geschlüpfte große Maifliege herunterzuschlingen.

Wer im ausklingenden Sommer den Inhalt eines Äschenmagens studiert, wird beim Anblick all des großvolumigen Beuteguts, ob Sedgeköcher, Brutfischchen, Steinchen, Muscheln, Weidenkätzchen, Sämereien oder Zigarettenkippen, sehr bald auch den letzten Glauben an eine besonders gezierte Nahrungswahl der Äsche verlieren. Die Kleinheit des Äschenmauls sollte also nur unter relativen Gesichtspunkten betrachtet werden, denn es erlaubt wegen seiner spezifischen Form kein bedingungsloses Zuschnappen, wie es z. B. von

Die Steiggewohnheiten unserer Fische

der Forelle her bekannt ist. Ihr kann man ja durch den geöffneten Rachen fast bis in den Magen blicken. Die Äsche vermag die Fliege nur einzusaugen. Allein dieser Eigenart, bedingt durch die charakteristische Maulform, verdanken wir die Entstehung der wunderschönen, sanften Äschenringe.

Die Äsche ist Frühjahrslaicherin und keine besondere Gedächtnisheldin. Die Eindrücke der letzten Angelsaison sind, sofern sie mit Fliege und Haken zusammenhängen, schnell verflogen. Darum erweist sich gerade der Anfang der Saison als am vielversprechendsten. Im Frühling nimmt die Äsche auch größere Fliegen. Doch je wärmer es wird, um so wählerischer gibt sie sich. So ist der Äschenfischer gezwungen, von Monat zu Monat nach kleineren Fliegen zu greifen. Höchstens der Abendsprung macht da eine Ausnahme. Am schwierigsten gestalten sich die Herbstmonate, in denen wirklich nur noch kleine und kleinste Trockenmuster gefragt sind. Die Gewässer fließen jetzt glasklar durch die herbstbunte Landschaft, und ihre Wasserführung ist gering. Das Aufgebot an menschlicher Intelligenz und fliegenfischereilichem Können gegen tierischen Instinkt tritt nun in seine spannendste Phase. In diesen Tagen mit schwingender Abgesangsstimmung zählt jede gelandete Äsche doppelt und dreifach.

Was den Fang der Äsche nicht nur in dieser Zeit so schwierig macht, ist das bereits besprochene ‚ganz andere Verhalten' der Fliege gegenüber. Die Forelle, ein durch und durch gefühlsbetonter Fisch, greift die Fliege oft mit einem Satz. Teilt der Instinkt ihr mit: „Alles in Ordnung", dann packt sie ohne großes Federlesen zu. Die Äsche unterliegt anderen Empfindungen. Bei ihr heißt es eher: „Schwimm hin und betrachte es erst, bevor du es ins Maul nimmst!" Allein auf diese Verhaltensweise, ganz gleich, ob es sich um natürliche oder künstliche Fliegen handelt, ist die sprichwörtliche Pingeligkeit der Äsche zurückzuführen. Bis zum allerletzten Augenblick kann sie es sich noch einmal überlegen. Manchmal schnüffelt sie wie ein Hund an der Fliege herum, so daß der Angler getäuscht den Anhieb setzt, der natürlich ins Leere zischt. Häufig wird auch die Trockenfliege mit einem verächtlichen Schwanzschlag bedacht, wobei der Haken nicht selten Fleisch faßt. Der sich nun anschließende Drill der im Schwanz gehakten Äsche, die sich sofort wie ein aufgespannter Regenschirm quer zur Strömung stellt, entbehrt nicht der Schwierigkeit und Komik. Und noch eine Besonderheit der Äsche sollte nicht unerwähnt bleiben: Kommt sie einmal im Drill ab, kehrt sie, nur ein bißchen beleidigt, zu ihrem Ausgangspunkt zurück. Ist die Erfahrung nicht allzu schockierend gewesen, dann wird sie schon sehr bald wieder nach der Fliege steigen.

Ihre Veranlagung, alles Interessante an der Oberfläche aus nächster Nähe zu betrachten, macht die Äsche zu einem Fisch, den man mit immer wieder neuen Präsentationen wörtlich zu einem Anbiß zwingen kann. So läßt sich ein bestimmter Fisch mit einer Serie einwandfreier Würfe mehr und mehr von seiner anfänglichen Zurückhaltung abbringen. Darum sollte der Fischer die zunächst angebotene Fliege vollständig ausreizen, ehe er eine andere anknüpft.

Steigendes Wasser nach heftigen Niederschlägen, mit kräftigem Köcherfliegenschlupf verbunden, läßt die Äschen in eine wahre Freßorgie verfallen. Langsam eindickendes Wasser, mit herabgeschlagenem Ast- und Blattwerk garniert, vermag die Fische nicht um ihren Appetit zu bringen. Sie gehen wie wild auf natürliche wie künstliche Fliegen. Nicht selten setzen sie sogar wie die Forelle mit kühnem Sprung den soeben gestarteten Insekten nach. Der von den Ereignissen überraschte Fischer, der mit Hilfe ziemlich groß gewählter Fliegen solche Feste begeistert mitfeiert, wird mit stetig steigendem Wasser und dessen ebenso abfallender Sichtigkeit wohl das sichere Ende dieses Hexensabbats vorausahnen, sich aber trotz allzu frühen Abbruchs immer wieder gern daran zurückerinnern. Leichte Wassertrübungen, grünliche Färbung, ganz gleich, welche Ursachen sie haben und wie lange sie anhalten, sind also immer von Vorteil. Nur die richtige Konsistenz muß gewährleistet sein.

In alpinen Flüssen mit großem Gefälle können sich sehr starke Frühjahrshochwasser verheerend auf den Äschenbestand auswirken. Gewaltige Wassermengen setzen Sand, Kies und Steine in Bewegung, die dann zu einer tötenden Walze für alle großen und kleinen Unterwasserlebewesen werden. Ist das Inferno vorbei, sieht sich der Fliegenfischer ganz neuen Verhältnissen gegenüber. Wo beim letzten Mal eine tiefe, schmale Rinne vorhanden war, erstreckt sich heute eine weit ausladende Kiesbank, und wo er während der letzten Saison über die ausgedehnte Sandbank waten konnte, brausen die Fluten über geheimnisvoll grünschimmernde Tiefen. Wegen der vorgefundenen Veränderungen ist der Fischer gezwungen, sein Revier aufs neue zu erforschen und zu entdecken, wobei das schlimmste ist, daß das Wüten der Elemente nicht spurlos am Bestand der Äschen vorübergegangen ist. Dort, wo es früher von ihnen wimmelte, steigen jetzt nur noch ein paar verlorene Stücke, die das Toben der Naturgewalten überlebt haben. Äschenrevieren, die innerhalb weniger Jahre von einem zum anderen Mal von derartigen Katastrophen heimgesucht werden, droht nahezu die Ausrottung des Bestandes, wenn der Mensch der vielgeprüften Mutter Natur nicht helfend unter die Arme greift und in absehbarer Frist mit Besatzmaßnahmen den Aderlaß ausgleicht.

Jedoch auch der Sommer birgt Gefahren. In Zeiten extremer Trockenheit, wenn breite Flüsse zu armseligen Rinnsalen zusammengeschrumpft sind, bleiben den Äschen nur noch ein paar notdürftige Zufluchtsorte, meist ein paar tiefe Pools und Kolke, die zu stillen Teichen geworden sind. Tagsüber ist hier nicht eine einzige Äsche an die Fliege zu bringen. Nur spätabends kommt Leben in die zusammengepferchte Gesellschaft, wenn man mit der kleinen Pale Watery fischt, die bei uns auch unter der Bezeichnung Blaßwasserfarbene bekannt ist und ihr natürliches Vorbild in der *Baetis bioculatus* oder *Centroptilum* hat. Jetzt revieren die Äschen, ganz gegen ihre sonstigen Gewohnheiten, dicht unter der Oberfläche nach frischschlüpfenden Duns, so daß der Fischer beim ersten Hinsehen glaubt, einen Schwarm jagender Döbel vor sich zu haben. Das ist selbst für den erfahrenen Äschenfischer ein höchst seltenes, verwunderliches Ereignis. Wer jetzt seine Döbelerfahrung auszuspielen weiß, nämlich die Trockenfliege mit der hin- und herschwingenden Rute so lange in der Luft zu halten, bis sich die Gelegenheit bietet, sie einem sich nähernden Fisch seitlich vor die Nase zu setzen, der wird seine Äschen auf höchst kuriose Weise fangen. Es versteht sich von selbst, daß sich der Angler bei diesem Anlaß, der ja der reinen Not der Tiere entspringt, einer angemessenen Beschränkung unterwirft.

Im Normalfall zeigt sich die Stabilität im Charakter der Äsche an ihrer stets gleichbleibenden Steiggewohnheit, ganz gleich, unter welcher geographischen Breite oder in welchem Gewässertyp sie lebt. Der sie umgebende Biotop, der allen anderen Lebewesen, je nach seiner speziellen Nahrungspotenz, eine mehr oder weniger veränderte Verhaltensweise aufzwingen würde, ändert an ihrem Benehmen überhaupt nichts. In den verschiedensten Gewässern behält sie ihre Zu- oder Abneigung gegenüber natürlichem wie künstlichem Insektenangebot bei. Der Steigvorgang spielt sich überall in der zuvor geschilderten Manier ab, sei es im larvenstrotzenden Kreidefluß oder im nahrungsarmen Bergbach. Der Äschenfischer kann also, ganz egal wo er auch fischen möchte, nach üblichem Standard vorgehen. Er wird überall auf das gleiche Verhalten der Äschen stoßen.

Die Forelle schlingt nicht selten unsere Fliegen mit solcher Gier

Tafel 11. Oben: Im winterlichen Äschenrevier. – Unten: Über Mittag nahmen diese beiden Äschen die Trockenfliege

Die Steiggewohnheiten unserer Fische

herunter, daß sie tief hinten im Rachen steckenbleiben und nur mit größter Schwierigkeit wieder zu entfernen sind. Die Äsche hingegen verfügt über bessere Tischsitten. Bei ihr sitzen die Fliegen fast immer in der vorderen Maulpartie. Leider dringt die Hakenspitze auch tiefer in die Mundhöhle und setzt sich fest. Das Lösen des Hakens, das sich ohne zweckmäßiges Handwerkszeug kaum bewerkstelligen läßt, wird dadurch sehr schwierig. Deshalb ist zu überlegen, ob sich der Fischer nicht für Verwendung widerhakenloser oder spitzgefeilter Haken entscheiden sollte. Das einfachere Zusammenkneifen von Spitze und Widerhaken geht immer auf Kosten der Bruchsicherheit. Denn besonders dort, wo ständig mit untermaßigen Fischen zu rechnen ist, liegt die Sterbequote durch starkblutende Maulverletzungen erschreckend hoch.

Der Anhieb, oder besser ausgedrückt, das Hakensetzen, geschieht beim Äschenfischen mit Kultur und Zurückhaltung. Die meisten Fischer schlagen zu früh und zu hitzig an. Die Folge davon ist, daß viele Äschen nur geritzt oder leicht gehakt werden und abkommen. Eine gewisse Verzögerung des Anhiebs kann niemals schaden. Nur sollte es der Fliegenfischer lernen, die Dosierung der jeweiligen Strömungsgeschwindigkeit anzupassen. Man könnte, grob gerechnet, folgende Richtwerte empfehlen: Langsame Strömung = stark verzögerter Anhieb; mittlere Geschwindigkeit = leicht verzögerter Anhieb; schnelle Strömungsgeschwindigkeit = sehr mäßig verzögerter Anhieb. Bei sehr schnellem Wasser schlägt sich die Äsche nicht selten beim Abdrehen selbst an. Hier genügt es meist, die Rute mit Gefühl gen Himmel zu heben, sofern der Angler den Biß überhaupt wahrnimmt.

Auf Äschen fischt man am besten querab zur Strömung. Stromauf sollte der Wurf etwas seitlich erfolgen. Auf größere Distanz braucht der Angler nur dort zu fischen, wo unbewatbare Passagen zu überbrücken sind. Die Zutraulichkeit der Äsche erlaubt es, auch den kapitalen Fisch aus ziemlicher Nähe zu erbeuten. Nicht selten gewahrt man im Strömungsschatten der eigenen Wathose einen guten, eifrig steigenden Fisch, bei dem die Vorfachlänge ausreicht, um ihn an die Fliege zu locken. Das Vorfach sollte besser etwas länger als zu kurz gewählt sein, weil dadurch ein besseres Abtreiben der Trockenfliege gewährleistet ist.

Im Drill zeigt die Äsche zwar nicht die Wildheit einer Forelle, sie kämpft jedoch auf ihre Weise, und das zäh und verbissen und nicht selten fintenreicher als die kopflos davonstürmende *Trutta*. Sie springt, pumpt, schüttelt den Kopf, schlägt mit dem Schwanz nach dem Vorfach und wälzt sich am Grund oder an der Oberfläche. Sie gibt sich bis zuletzt nicht geschlagen, und manch scheinbar müdegedrillter Fisch ist aus der Hand des überraschten Fischers schon in die Freiheit zurückgesprungen. Im Drill überrascht die Äsche also mit immer neuen Einfällen.

Fliegenfischer, die Fairneß und Sportlichkeit schätzen, werden dem so entronnenen Fisch ganz gewiß keinen Fluch nachjagen, sondern ihn mit einem gutmütig-bewundernden Glückwunsch bedenken. Diese Patts werden sich öfter wiederholen, sofern wir uns an das ungeschriebene Gebot der Äschenfischerei halten, nämlich ohne Kescherhilfe zu angeln und den Fisch mit bloßer Hand zu landen. Ganz gleich, wie das Match ausgehen wird, schließlich bleibt wenigstens noch der zarte Thymianduft, der als letzte schöne Erinnerung der Anglerhand anhaftet.

Der Bachsaibling

Der Bachsaibling (*Salvelinus fontinalis*) ist, wie die Regenbogenforelle, ein Import aus Nordamerika. Ihm ist die wirtschaftliche Bedeutung wie der Regenbogenforelle nie zuteil geworden. Er ist aber ein Sportfisch erster Klasse, und wenn er die Pfunde so manch ausgewachsener Forelle auf die Waage brächte, wäre er gewiß der härteste Kämpfer, den man sich vorstellen kann. Er liebt vorzugsweise eiskalte Quellbäche, wo er jedenfalls besser gedeiht als in größeren Flüssen, in die er ebenfalls mit Erfolg ausgesetzt worden ist. Hier vermehrt er sich allerdings nicht. Der Bachsaibling ist einer der farbenprächtigsten Fische und kann durchaus, was seinen Habitus angeht, mit der Bachforelle konkurrieren.

Er geht mit Vehemenz an die Trockenfliege, und wer ein größeres Exemplar an den Haken bekommt, das die Pfundmarke erreicht, wird staunen, was alles in dem kleinen Kerl steckt. Den Bachsaibling kann man genauso befischen wie die Bach- oder die Regenbogenforelle. Er tendiert, genau wie sie, zur größeren Fliege. Wenn man sein weitgespaltenes Maul betrachtet, dann braucht man sich darüber nicht zu wundern.

Tafel 12. Oben: Ein wunderschön gefärbter Bachsaibling nahm die Fliege. –
Unten: Stilleben für Döbelspezialisten

Der Döbel

Die Gestalt des Döbels könnte als klassische Fischform bezeichnet werden. Erblickt man z. B. auf alten sakralen Darstellungen die biblische Speisungsszene, glaubt man den Döbel (*Leuciscus cephalus*) zu erkennen. Die Gilde der Sportfischer, die Fliegenfischer inbegriffen, hat wohl kaum einer anderen Fischart so viel Unrecht und Mißbilligung zugefügt wie dem Döbel. Erst nach und nach beginnen die Fischer, die Vorurteile abzubauen, und vor allem die kontinentalen Flugangler sind es, die plötzlich ganz andere Töne anschlagen. Das Fliegenfischen auf diesen liebenswerten Kauz ist gesellschaftsfähig geworden. Der Döbel wirkt ein bißchen plump und unbeholfen im nassen Element. Seine Intelligenz und Schlitzohrigkeit bekommt der Angler aber schnell zu spüren, sobald er sich näher mit ihm befaßt. Je größer und kapitaler er wird, um so ausgeprägter treten diese Wesenszüge hervor und desto schwieriger ist er zu überlisten. Sein Fang zählt unter Kennern schon längst zum Big Game.

Seit eh und je hat der Döbel Seite an Seite mit der Forelle gelebt. Man schätzt einander und arrangiert sich. Wie die Forelle, so meidet auch der Döbel die offene, starke Strömung. Besonders in naturbelassenen Bächen kann der Fischer häufig jüngere Forellen beobachten, die sich einem Schwarm gleichgroßer Döbel angeschlossen haben. Man könnte sagen, sie sind ‚verdöbelt'. Sie profitieren eindeutig vom viel feineren Döbelinstinkt, und solange sie sich in der Gemeinschaft der Döbel befinden, zählen sie zu den bestgeschützten Fischen.

Wie die Salmoniden schätzt auch der Döbel die Oberflächennahrung, wenn er auch in allen Wasserschichten reviert. Eine seiner ganz besonderen Eigenschaften kommt dem Fischer mit der Trockenfliege zugute: er sonnt sich gern. Je wärmer es wird, je heißer die Sonne vom Himmel brennt, desto höher steht er, und während der Hundstage verrät er sich schon von weitem durch seine spielend aus dem Wasser ragende Rückenflosse und den träge an der Oberfläche rudernden Schwanz. Er ist der einzige Fisch, der nicht genug Sonne bekommen kann und sie bis zum letzten Strahl genießt. Aber auch in anderen Situationen zeichnet er sich nicht gerade durch übertriebene Eile aus. Ohne Hast inspiziert er alles, was ihm nahrhaft und freßbar erscheint. Jedoch ist er, auch bei Trockenfliegen, in der Auswahl des Menüs nicht besonders anspruchsvoll. Während der warmen Jahreszeit zeigt er sich als einer der verläßlichsten Steiger und damit als der interessanteste Nichtsalmonide für die Trockenfliege.

Die Steiggewohnheiten unserer Fische

Da er ruhigere Strömungen schnellerem Wasser vorzieht, finden wir ihn fast immer in den entsprechenden Flußpartien oder in geeigneten stehenden Gewässern. Ebenso wohl fühlt er sich in den Kolken und Pools kleinerer Flüsse und größerer Bäche. Der Döbel ist ein ausgesprochener Augenfisch. Er registriert den sich auffällig nahenden Angler längst, bevor der ihn entdeckt hat. Schwant ihm dabei nichts Gutes, läßt er sich in die Tiefe sinken, um sich in ‚Nichts' aufzulösen. Im flachen Gewässer gerät er leicht in Panik und beweist, daß auch für ihn Geschwindigkeit keine Hexerei ist. Spritzend und platschend, zwei wallende Bugwellen vor sich herschiebend, prescht er von dannen, jeden Fisch aus seiner Umgebung mitreißend. Er hält aber, wenn sich der Fliegenfischer mit Bedacht zu nähern versteht, den Anblick des Menschen aus.

Der Angler kann zwar den Döbel auch in der flachen Strömung fischen, und beim Abendsprung auf Äschen und Forellen fängt er öfter den einen oder anderen. Dabei handelt es sich aber meist um kleinere Exemplare. Die größeren findet man anderswo. Sie sind in ruhigen Flußpartien, Kolken oder in stillen Seebuchten und Seitenarmen zu finden. Es ist schnell festzustellen, wo sie sich mit Vorliebe aufhalten, weil sie mit dem bloßen Auge leicht auszumachen sind. Ist ein Schwarm entdeckt – wo ein Döbel steht, findet man meist auch weitere –, sollte sich der Angler vorsichtig auf Wurfdistanz nähern und dabei jede, aber auch jede Art von Deckung ausnutzen. Im Knien schleichend oder bis zur Brust im Wasser, reicht oft eine Entfernung zwischen 10 und 15 Metern. Aus dem Stand oder vom Boot aus kann sich diese Entfernung bis zu 20 Metern ausdehnen. Auf jeden Fall sollte sich der Fischer hüten, durch die eigene Gestalt oder irgendein Geräteteil einen Schatten über den Fisch zu werfen.

Im ruhigen Wasser, in seinen Lieblingsregionen also, reagiert der Döbel auf das Fehlverhalten des Fluganglers allemal negativ. Schlägt die Leine zu heftig auf das Wasser, wird er mißtrauisch. Es ist nicht unbedingt notwendig, ihm die Trockene genau vor die Nase zu setzen. Er spürt sie auch, wenn sie hinter ihm niedergeht. Der Fischer kann sich aber auch Strömung und Drift zunutze machen und die Fliege auf den einzelnen Fisch oder den Schwarm zutreiben lassen. Steht der Döbel in Gesellschaft, und das ist ja meistens der Fall, ist das Zutreibenlassen der Trockenfliege immer die beste Lösung, denn nur allzuleicht übersieht man beim Anwerfen einen Fisch. Zieht man diesem nun gar die Leine quer über den Rücken, ist das gesamte Rudel im Nu gewarnt.

Steht der Döbel allein, ist er weit vorsichtiger, als wenn er sich im Schutz der Gemeinschaft weiß. Irgendwie hat es nun den Anschein, als käme ihm jede Fliege verdächtig vor. Von allen Seiten wird sie einer gründlichen Untersuchung unterzogen. Je länger diese Inspektion dauert, um so mehr steigt die Wahrscheinlichkeit, daß er sie doch noch nimmt. Einen größeren Nervenkitzel kann sich der Fliegenfischer, der dies ja meistens miterlebt, gar nicht vorstellen. Fischt er jedoch auf einen Schwarm, merkt er sofort, daß andere Gesetze herrschen. Eine gutplazierte Fliege kann schon im nächsten Augenblick *den* Döbel eines Anglerlebens bescheren. Denn wie bei allen Meutetieren, setzen auch in diesem Fall Futterneid und Beutegier den Verstand außer Kraft nach dem Motto: Wer zuerst kommt, erwischt den Happen auch zuerst. Diese Reaktion verliert allerdings dort ihre Wirksamkeit, wo der Döbel allzu häufig mit der Fliege befischt wird. Aber wo ist das schon der Fall?

Der Döbel hat eine eigenartige, irritierende Gewohnheit, die Trockenfliege zu nehmen. Von einem Biß, wie man ihn z. B. von der Forelle her kennt, kann bei ihm keine Rede sein. Er pflegt so sachte wie kein zweiter Fisch die Fliege zwischen die beiden weißen Lippenwülste zu nehmen und sie aus der Wasseroberfläche zu sich herabzuziehen. Der weniger erfahrene Angler, der den Köder verschwinden sieht, schlägt dann auch prompt an und reißt dem Döbel die Fliege wieder aus dem Maul heraus. Ihm bleibt dann nur noch der verdutzte Blick auf den flüchtenden Fisch. Hätte er aber den Anhieb ein kleines bißchen verzögert gesetzt, wäre der Döbel jetzt sein und nicht, eine bittere Erfahrung hinterlassend, entfernter denn je.

Der Fischer darf also beim Döbel nicht sofort anschlagen, sondern muß warten, bis die Fliege unter Wasser eingeschlürft worden ist. Läßt man dem Fisch dabei aber zuviel Zeit, erkennt er seinen Irrtum und spuckt sie schnell wieder aus.

Im Drill hat der Döbel zwar nichts mit der wütenden Springakrobatik der Forelle oder dem Fintenreichtum einer Äsche gemein, aber schon ein gut zweipfündiger Dickkopf an der zarten Trockenfliegenrute ist etwas ganz Besonderes. Seinen größten Kraftaufwand steckt er in die erste lange Flucht, und sein stetes Ziehen und Kopfschütteln hat schon so manch sorgfältig geknüpftes Vorfach zerrissen. Während des Drills begleiten ihn nicht selten ein paar gleichgroße Kumpane und ‚machen Gesichter', als wollten sie ergründen, warum sich ihr Kamerad so merkwürdig verhält. Spätestens angesichts des Fischers und seines weit entgegengestreckten Keschers aber erkennen

Tafel 13. Ein Augenblick des Stolzes

sie den Ernst der Lage und fliehen den unheimlichen Ort, den auch der Angler für die nächste Zeit vergessen sollte, denn hier tut sich so bald nichts mehr.

Der Trockenfliege gegenüber verhält sich der Döbel nicht allzu wählerisch oder gar empfindlich. Es gibt zwar keine ausgesprochenen Döbelfliegen, jedoch schätzt er sie besonders groß und buschig, so daß der selber bindende Trockenfischer stets auch Verwertung für die großen Hechelfedern seiner Hahnenskalps findet.

Mit der Trockenfliege fischt man meist im Sommer. Im Winter gibt sich der Döbel der Naßfliege gegenüber aufgeschlossener. Wenn dann aber wintertags, während der Mittagsstunden, eine milde Sonne vom Himmel herableuchtet, läßt sich der dickköpfige Freund recht gern von einem großvolumigen Palmer Größe 12 bis 8 verführen. Wem zu dieser Jahreszeit die Äschenfischerei verschlossen bleibt, der wird sich dieser Begegnungen ganz besonders gern erinnern.

Die Rotfeder

Die Rotfeder (*Scardinius erythrophthalmus*) ist ein typischer Fisch der Niederungen, und man findet sie meist dort, wo nur ganz selten jemand mit der Fliegenrute erscheint. Dann jedoch handelt es sich in der Regel um Kenner. Es sind die mäßig strömenden Gewässer und die schilf- und krautverwachsenen Seen, Teiche und Tümpel, in denen dieser muntere, gesellig lebende Fisch zu finden ist. Im Sommer, bei warmer Witterung, steht er ausnahmslos im Oberflächenbereich, wo er eifrig und sichtbar nach Insektennahrung steigt. Sein oberständiges Mäulchen erleichtert ihm dabei die Arbeit.

Mit einer gängigen Trockenfliege Größe 16 läßt sich die Rotfeder gleich dutzendweise an den Köder locken. Am sichersten fängt sie der Angler mit der Hexe oder dem Rotschwanzpalmer, zwei Äschenfliegen also. Dabei sollten die Fliegen nicht regungslos auf der Oberfläche driften, sondern durch leichtes Heranziehen etwas Bewegung zeigen. Die Rotfeder läßt sich nämlich reizen, und eine ruhig treibende Fliege würde sie leicht übersehen. Sie nimmt den Köder sehr schnell, und ebenso hurtig sollte der Anschlag kommen. Dennoch sind Fehlbisse, vor allem bei windigem Wetter, nicht auszuschließen. Doch die Rotfeder ist wenig empfindlich. Ein fehlgehakter Fisch wird schon im nächsten Augenblick die Fliege erneut attackieren.

Die Steiggewohnheiten unserer Fische

Im Drill gebärdet sich die Rotfeder äußerst wild, und die Auseinandersetzung mit einer größeren, so um die Pfundmarke, macht so richtig Laune. Da in ihren Gefilden eine besonders sorgfältige Leinen- und Fliegenführung nicht verlangt wird, ist sie auch für den Anfänger oder weniger Geübten ein hervorragender Fisch zum ‚Einschießen'.

Schlußbetrachtung

Fliegenfischer sind ein eigenartiges Völkchen. Selbst fern vom Fischwasser sind sie ständig mit ihrer Passion beschäftigt. So kommen die meisten fast tagtäglich mit dem Fliegenfischen in Berührung. Wenn es mangels Gelegenheit mit der praktischen Ausübung etwas hapert, so bleiben doch, sozusagen als Ausgleich, die anregenden Nebengebiete der Flugangelei, wie das Fliegenbinden, die Entomologie, der Gerätebau und vor allem das Studium der Fachliteratur. Aber auch Beobachtungsgänge in der freien Natur, an Flüssen und Seen entlang, und der Erfahrungsaustausch mit lieben Freunden und Bekannten sorgen für ständigen Kontakt mit der stillen Leidenschaft und verschaffen den notwendigen Ausgleich. So ist für manch einen aus unseren Reihen das Fliegenfischen schon längst kein Hobby mehr, sondern eher zu einer Art Weltanschauung, ja zu einer Art Lebensphilosophie geworden.

Wer einmal vom Bazillus Fliegenfischen infiziert worden ist, kommt nie wieder davon los. Sehr zur Verwunderung, ja zum Unverständnis anderer Zeitgenossen, die keine Erklärung für unsere Leidenschaft und Hingabe finden können. Nun: „Wenn Ihr's nicht erfühlt, Ihr werdet's nicht erjagen", sagte schon der Dichterfürst. Wie recht er doch hatte! Denn es sind noch keine zweitausend Jahre her, da machten Jagd und Fischfang einen Großteil des Lebensunterhalts unserer Vorfahren aus, die vor 12000 Jahren, jagend und fischend, mit dem weichenden Eis den Herden von Wisent, Auerochs und Wildpferd gefolgt waren. Welch relativ kurzer Abstand von unserer Gegenwart zum ehemaligen Sammler- und Jägerdasein früherer Tage! Und welch dünne Zivilisationsschicht doch die alten Triebe und Instinkte überdecken muß. Diese Feststellung mag ein Argument oder auch eine Entschuldigung dafür sein, weshalb es uns immer wieder hinaustreibt und wir erst so richtig glücklich sind, finden wir uns am Fischwasser ruteschwingend wieder.

Daß das Fliegenfischen die humanste Art ist, die alte Lust zu stillen, ist mehr als nur eine Redensart oder Rechtfertigung. Nur ganz selten hat die Fliege ihr Opfer so unglücklich gefaßt, daß sie nicht mit

Schlußbetrachtung

der notwendigen Sorgfalt unblutig zu lösen wäre. Dabei hilft heute noch die Möglichkeit, widerhakenlos fischen zu können, eine Gelegenheit, die der Fischer besonders dort, wo regelmäßig untermaßige Fische an die Angel gehen, nutzen sollte.

Außer durch seinen humanen und geistvollen Charakter besticht das Fliegenfischen vor allem aber durch Eleganz und Souveränität. Der neu eingeführte Flugangler wird zwangsläufig dazu angehalten, mehr und mehr in die Materie einzudringen und an sich zu arbeiten, will er am Wasser nicht als ‚blinder' Sehender herumlaufen oder, was die Handhabung des Gerätes betrifft, eine schlechte Figur abgeben. Fliegenfischen bedeutet mehr, als mit einer wohlgefüllten Fliegenbox ans Wasser zu gehen, um unter allen Umständen reichlich Beute zu machen. Es gilt hingegen zu erforschen, warum gerade heute die eine oder andere Fliege und Methode so besonders erfolgreich sind. Das bedeutet Unterordnung und kompromißlose Lernbeflissenheit in der Obhut unserer großen Lehrmeisterin Mutter Natur. Nur nach solcher Erziehung wird man sich bald selbst als Glied in der ewigen Lebenskette verstehen lernen. Nirgendwo ist dieser Weg so scharf vorgezeichnet wie gerade beim Fliegenfischen.

Diese Angelart, das ist zu begrüßen, gewinnt immer mehr Zuspruch. Mit der beharrlichen Pflege und Wiederverbesserung des wichtigen Lebenselementes Wasser, also von Flüssen, Bächen und Seen, werden sich auch die für das Flugangeln interessanten Fischbestände weiter erholen. Hoffen wir, zumindest in diesem Fall, weiterhin auf Weisheit und Einsicht von Gesetzgeber und Verwaltungen. Dann brauchen wir Fliegenfischer nicht mehr ganz so sehnsüchtig über die Grenzen nach glücklicheren Ländern Ausschau zu halten.